L'allemand tout simplement

Wolfgang HAMMEL

Professeur d'allemand
Lyon

ellipses

Du même auteur, chez le même éditeur

Petite grammaire de l'allemand, 160 pages, 2002

Merci à Gregory pour ses précieux conseils.

ISBN 2-7298-2097-3

© Ellipses Édition Marketing S.A., 2005
32, rue Bargue 75740 Paris cedex 15

www.editions-ellipses.fr

Introduction

Cet ouvrage est une nouvelle méthode qui présente une approche originale pour apprendre ou réapprendre l'allemand.
Ce livre peut s'utiliser aussi bien comme méthode complémentaire pour le collège ou le lycée, que pour l'autodidacte qui veut apprendre ou rafraîchir ses connaissances de base en allemand.
L'originalité de cette méthode réside – entre autres – dans le fait qu'un seul texte traite le plus souvent au moins deux points de grammaire. Dans chaque texte, il peut y avoir les deux sujets de grammaire, facilement répertoriés afin de permettre une consultation ponctuelle de chaque point. En plus, chaque leçon traite une thématique bien spécifique de la vie courante des Allemands, accompagnée par le vocabulaire approprié *(au marché, à l'école, une fête de famille, les fêtes de fin d'année, etc.).*
Cette méthode s'adresse également aux débutants qui veulent découvrir la langue allemande en « allégée », vu sa structure progressive. Toutes les explications sont données en un français clair et compréhensible. Elle est donc accessible à tout public, non seulement aux avertis de la grammaire !
La presque totalité des textes est présentée sous forme de dialogues, ce qui rend la lecture plus vivante. Chaque leçon comporte des exercices dont les solutions sont données à la fin du livre. On y trouvera aussi beaucoup de jeux et de distractions.
Deux lexiques allemand/français – français/allemand reprennent la quasi-totalité des mots utilisés dans cet ouvrage.

Abréviations et explications des icônes

m	masculin
f	féminin
nt	neutre
pl	pluriel
(e) (n) (nen) (¨) (¨e) (¨er) (-)	indique la marque du pluriel
an/rufen	verbe à particule séparable
(fam.)	familier
(inv.)	invariable
(adv.)	adverbe
(irr.)	irrégulier (nous indiquons les verbes irréguliers au présent. Ex. : ich gebe, du gibst, et gibt)
	texte à lire
	grammaire
	vocabulaire
	exercice
	attention !
	récréation
	astuce !

L'alphabet et la prononciation

Avant de nous lancer dans les premiers pas de l'allemand, voici un petit guide pour découvrir l'alphabet et surtout pour vous aider dans la prononciation. Dans la mesure du possible, nous vous indiquons l'équivalent des sons à l'aide d'un exemple en français.

lettre	se prononce comme dans :	exemple dans le mot allemand
a A	« bl**a**gue »	*haben, machen*
b B	« **b**aguette »	*Berlin, Bank*
c C	« mouche **tsé**-tsé » ou « **ts**ar »	*Cäsar*
d D	« **d**ormir »	*Dame, drei*
e E	« e » se prononce souvent « ai » comme dans « m**ai**rie » Dans certains mots, il devient « é » comme dans « été » À la fin d'un mot, il se prononce « e » comme dans « d**e** » Pareil pour les terminaisons de l'infinitif des verbes « -en »	*elf, englisch, Berg* *Leben, geben* *Sonne, Liebe* *machen, gehen*
f F	« **F**rance »	*Frankreich, fünf*
g G	« lar**gué** »	*gehen, mögen*
h H	Il s'agit d'un « h » aspiré comme en anglais. Il se prononce toujours ! Après une voyelle, il « rallonge » le son de celle-ci	*haben, Herr* *gehen, fahren*
i I	« v**i**lle »	*ich, wir, Winter*
j J	comme dans « **y**acht »	*ja, Jahr, jetzt*
k K	« k » comme dans « **c**adeau »	*kommen, Kind*
l L	« **l**ong »	*Liebe, leben*
m M	« **m**a**m**an »	*Mutter, machen*
n N	« **n**o**n** »	*nein, Name*
o O	« p**o**rt » avant deux consonnes identiques « **eau** » pour les autres	*Sonne, kommen* *rot, Telefon*
p P	« **P**aris »	*Pizza, Paris*

q Q	« kw » comme « **kiwi** » sans « i »	*Quelle*
r R	« mai**r**ie »	*rot, Rock*
s S	« **r**ose » « sei**z**e » pour les « s » simples « e**ss**uyer » pour les « s » doubles	*Sonne, Sohn, sehen* *essen, müssen*
t T	« **t**able »	*Tisch, Tag*
u U	« **ou**rs »	*und, Uhr*
v V	Se prononce la plupart du temps comme un « f » « faire »	*vier, Vogel, viel*
w W	« **v**ague »	*Wagen, wie*
x X	« a**x**e »	*Max*
y Y	« r**u**e »	*sympathisch*
z Z	« **ts**ar »	*Zug, zwei*

ä Ä	« l**ai**t », « **ai**r »	*Bär, Käse*
ö Ö	« **œu**fs », « d**eu**x »	*mögen, hören*
ü Ü	« r**u**e »	*Übung, Schüler*

ß ---	se prononce comme « ss » dans « essuyer » Il n'existe pas de majuscule. Dans ce cas, ou quand on n'a pas cette lettre sur le clavier, on peut l'écrire avec deux « s »	*Straße, weiß* *STRASSE*

Voici quelques combinaisons de lettres :

au	« **wow** » « R**aou**l »	*Frau, auch*
äu	« oïe », « cowb**oy** »	*Häuser*
ei	« **ail** »	*heißen, sein, Ei*
eu	comme « oïe », « cowb**oy** »	*neu, Euro*
ie	se prononce comme un « i » long : « île »	*Liebe, vier*
sch	« **ch**at »	*Schule, waschen*
ch	après « a, o, u » son guttural après « e, i » un son doux qui ressemble au « sch », en plus doux	*Buch, noch, machen* *ich, vielleicht*
sp / st	en début de mot se prononce comme « scht- » « schp- », « **ch**timi »	*Stadt, spielen*

Wer bist du? Wer seid ihr?

Qui es-tu ? Qui êtes-vous ?

Wer bist du?

— Hallo! Wer bist du?
— Hallo. Ich bin Thomas. Und du?
— Ich bin Gaby. Hallo, Thomas.
— Hallo, Gaby!

Wer seid ihr?

— Hallo, wer seid ihr?
— Hallo. Wir sind Gaby und Thomas.
— Und du? Wer bist du?
— Ich bin Stefan.

VOKABULAR

hallo : *salut*
wer? : *qui ?*
und : *et*
sein : *être*

Le verbe « être » : « sein »

sein	
	Comme en français, ce verbe est irrégulier. Apprenez bien les formes et les **pronoms personnels** !
ich bin	je → **ich**
du bist	tu → **du**
er ist	il → **er**
sie ist	elle → **sie**
es[1] ist	représente le neutre → **es**[1]
wir sind	nous → **wir**
ihr seid	vous[2] → **ihr**
sie sind	ils/elles → **sie**

Übung 1

Répondez aux questions posées :

1. Wer bist du? ....
2. Wer ist sie? ....
3. Wer ist er? ....
4. Wer sind sie? ....

1. *Cf.* leçon 6.
2. Le pronom personnel « vous » (« ihr ») n'est pas utilisé pour la forme de politesse en allemand. Nous verrons la forme de politesse dans la leçon 9.

Übung 2

Trouvez le mot qui manque :

1. Er ______________ Mathias.
2. ______________ ist Sylvia.
3. ______________ ist er?
4. Sie ______________ Marianne und Claudia.
5. Ich ______________ Paul.
6. ______________ du Axel?
7. Wer ______________ ihr?

Guten Morgen!

Sabine: Guten Morgen. Wer bist du?
Axel: Guten Morgen. Ich bin Axel. Und du?
Sabine: Ich bin Sabine.
Axel: Und wer ist er?
Sabine: Er ist Andy.
Axel: Guten Morgen, Andy.
Andy: Guten Morgen, Axel.

Der Tag

8 Uhr – 10 Uhr
Guten Morgen, Thomas.
Guten Morgen, Axel.

Si vous rencontrez quelqu'un
entre 8 heures et 10 heures du matin,
vous lui dites « Guten Morgen »

10 Uhr – 18 Uhr
Guten Tag, Sabine.
Guten Tag, Michael.

Si vous rencontrez quelqu'un
entre 10 heures et 18 heures,
vous lui dites « Guten Tag »

18 Uhr – 22 Uhr
Guten Abend, Brigitte.
Guten Abend, Heike.

Si vous rencontrez quelqu'un
après 18 heures,
vous lui dites « Guten Abend »

der Morgen : *le matin*
der Tag : *le jour, la journée*
der Abend : *le soir*

ACHTUNG!

Les noms communs prennent une ***majuscule*** *en allemand !*
Exemple : le matin → der Morgen, *le jour* → der Tag.

Übung 3

Remplissez les trous par :
« Guten Morgen - Guten Tag - Guten Abend ».

1. (22 Uhr) "Hallo, Michael!"

   "__________ __________ , Marianne."

2. (9 Uhr) "__________ __________! Wer bist du?"

   "Ich bin Andy!"

3. (15 Uhr) "Hallo, Sabine. Wer ist er?"

   "__________ __________ , Brigitte. Er ist Thomas."

Lektion 2

Was machst du?

Que fais-tu ?

Was machst du?

Karin: Hallo, Sven.
Sven: Guten Morgen, Karin.
Karin: Wie heißt du?
Thomas: Ich heiße Thomas.
Karin: Hallo, Thomas. Was macht ihr?
Sven: Wir gehen in das Kino.
Karin: Ihr geht ins[1] Kino?
Sven: Ja. Axel und Sabine gehen auch ins Kino.
Karin: Ich komme auch!

VOKABULAR

- heißen : *s'appeler*
- kommen : *venir*
- was : *que, quoi*
- machen : *faire*
- gehen : *aller*
- in : *dans, dedans*
- ja : *oui*
- das Kino : *le cinéma*
- auch : *aussi*
- wie : *comment*

1. Pour dire « in das », on utilise fréquemment la contraction « ins ».

La conjugaison des verbes

Nous allons voir maintenant la conjugaison des verbes. La conjugaison des verbes est assez simple en allemand ! La plupart des verbes sont réguliers au présent. On reconnaît un infinitif à la terminaison « **-en** ».

✓ **Exemple** : aller → g e h **e n**

Il faut prendre le « radical » d'un verbe ; le radical, c'est ce qui reste quand on coupe la terminaison « **-en** » de l'infinitif. Ensuite, il faut rajouter les terminaisons indiquées en **gras** dans le tableau à côté :

gehen
(geh-)
ich geh- **e**
du geh- **st**
er geh- **t**
sie geh- **t**
es geh- **t**
wir geh- **en**
ihr geh- **t**
sie geh- **en**

Voilà ! Ce n'était pas si difficile !

Übung 1

Conjuguez les verbes « **wohnen** » (habiter) et « **kommen** » (venir) :

wohnen	kommen
ich	ich ....
du	du ....
er, sie, es	er, sie, es ....
wir	wir ....
ihr	ihr ....
sie	sie ....

Le verbe « heißen »

Un verbe un peu « spécial » est le verbe « **heißen** », « s'appeler » en allemand. C'est pourquoi nous allons le présenter à part :

heißen
ich heiße
du heißt
er heißt
sie heißt
es heißt
wir heißen
ihr heißt
sie heißen

Il faut faire attention avec ce verbe : en français on dit : « je **m**'appelle... » Il y a donc un pronom « me ». En allemand ce pronom n'existe pas pour ce verbe. C'est comme si on disait en français : « J'appelle... »

✓ **Exemple** : « Il **s**'appelle Stefan » → « Er heißt Stefan ».

Übung 2

Voici quelques personnages célèbres. Présentez-les.

Exemple : Céline Dion → Sie heißt Céline Dion.

Madonna: ....

Jacques Chirac: ....

Michael und Ralf Schumacher: ....

Zinédine Zidane: ....

Übung 3

Donnez la forme correcte du verbe entre parenthèses.

Exemple : Er (gehen) in das Kino. → Er ***geht*** *in das Kino.*

1. Was (machen) Karin?
2. Wir (gehen) in das Kino.
3. (gehen) ihr auch ins Kino?
4. Andy und Sabine (sein) in[1] Berlin.
5. Du (kommen) auch.
6. Wie (heißen) er?
7. (sein) ihr Marianna und Sylvie?
8. Hallo Sven. Was (machen) du?

Pause

Sie heißt Susanne. Sie wohnt in Berlin. Was macht Susanne? Sie geht in das Kino. Petra und Max kommen auch. Und wer ist er? Er heißt Sven. Was macht er? Er macht **nichts**!

Pour comprendre ce que fait Sven, cherchez le petit mot « **nichts** » dans le lexique à la fin du livre…

---

1. Quand on se trouve dans une ville, on utilise le mot « in » (dans, dedans).

Lektion 3

Wir gehen in die Stadt

Nous allons en ville

Die Stadt

Das ist die Stadt. Hier ist der Supermarkt. Er heißt "Gutkauf". Da ist auch die Bank. Die Straße hier ist die "Kirchstraße". Das ist die Kirche. Da ist der Park. Das Haus ist das Rathaus. Dort ist auch das Café. Die Kinder gehen in das Café und trinken Kaffee.

— Guten Tag, Sven. Was machst du hier?
— Hallo, Oliver. Ich gehe in die Stadt.
— Gut, ich komme auch.
— Wir gehen in das Café.
— Ok, hier ist die Haltestelle und da ist der Bus! Wie heißt das Café?
— Das Café heißt "Sahnetorte".

VOKABULAR

die Stadt : *la ville*
der Supermarkt : *le supermarché*
die Bank : *la banque*
dort : *là-bas*
die Kirche : *l'église*
das Café : *le café (endroit où on boit le café)*
der Kaffee : *le café (la boisson)*
das Haus : *la maison*
das Rathaus : *la mairie (la « maison du conseil »)*
hier : *ici*
der Bus : *le bus*
da : *là*
die Straße : *la rue*
der Park : *le parc*
trinken : *boire*
die Haltestelle : *l'arrêt de bus*
die Kinder : *les enfants*
das ist : *c'est*

L'article défini

En allemand, il y a **trois** déterminants au singulier : un pour le masculin « **der** », un pour le féminin « **die** » et un autre pour ce qu'on appelle le « neutre » « **das** ». Ce neutre ne correspond malheureusement à rien en français. C'est tout simplement un troisième déterminant.

✓ **Exemple** :

le bus	→	**der** Bus
l'arrêt de bus	→	**die** Haltestelle
la maison	→	**das** Haus

Comme vous avez peut-être remarqué, un mot qui est « masculin » en français, ne l'est pas forcément en allemand ! **L'arrêt de bus** est un nom masculin en français. En allemand c'est un nom féminin ! → **die Haltestelle**.

En revanche, pour le pluriel il n'y a qu'un seul déterminant : « **die** ».

✓ **Exemple** : les enfants → **die** Kinder

Il existe aussi un « démonstratif » (ce, cette, ces). Ce démonstratif fonctionne ainsi : il se construit avec « **dies-** » et on rajoute les terminaisons suivantes :

le bus	→ **der** Bus	ce bus	→ dies**er** Bus
l'arrêt de bus	→ **die** Haltestelle	cet arrêt de bus	→ dies**e** Haltestelle
la maison	→ **das** Haus	cette maison	→ dies**es** Haus
les enfants	→ **die** Kinder	ces enfants	→ dies**e** Kinder

ACHTUNG!

À chaque fois que vous apprenez un nouveau nom commun, vous devez apprendre son déterminant en même temps, parce que souvent il n'a rien à voir avec le français ! Donc, « le salon de thé » n'est pas simplement Café *mais* **das** Café.

Übung 1

Trouvez l'article défini ou le démonstratif pour chaque mot :

1. d______ Tag
2. dies______ Stadt
3. d______ Bank
4. d______ Café
5. dies______ Park
6. d______ Kaffee
7. dies______ Computer
8. d______ Kinder
9. dies______ Kirche
10. d______ Bus
11. d______ Haltestelle
12. d______ Straße

Eine Bank?

Frau Meier: Guten Tag. Ich suche eine Bank.
Herr Ander: Eine Bank?
Frau Meier: Ja. Ich brauche Geld.
Herr Ander: Hier sind nur ein Supermarkt und ein Café.
Frau Meier: Und wo ist eine Bank?
Herr Ander: Die Bank ist in Altheim. Dort ist eine Haltestelle und da kommt ein Bus.
Frau Meier: Vielen Dank!

suchen : *chercher*
brauchen : *avoir besoin de*
das Geld : *l'argent*
wo : *où*
nur : *seulement*
Vielen Dank! : *Merci beaucoup !*
die Frau : *la femme ; Madame*
der Herr : *le monsieur*

L'article indéfini

Vous connaissez maintenant les déterminants en allemand. On les appelle aussi des « articles définis ». Cela correspond en français à « le » et « la ». Mais il existe aussi des articles **indéfinis** : quand on veut dire par exemple « **un** chien » et non « **le** chien ». Bien sûr, ces articles indéfinis existent aussi en allemand.

Nous allons les voir ici dans un tableau complet avec les articles définis :

	masculin	féminin	neutre	pluriel
article défini	der	die	das	die
article indéfini	ein	eine	ein	--

Quelques explications pour mieux comprendre ce tableau :

✓ Si on veut dire « **le** supermarché » en allemand, ce sera : « **der** Supermarkt » (donc masculin). Si on veut dire maintenant **un** supermarché, il faut chercher dans la colonne « masculin » et vous trouverez l'article indéfini qui correspond : « **ein** Supermarkt ».

✓ Un autre exemple : **une** maison. Vous cherchez le mot en allemand : la maison → **das** Haus. Ce mot est donc un neutre (à cause du « **das** »). L'article indéfini qui correspond au neutre est « ein » : **ein** Haus.

Dernière remarque :

Le pluriel n'a **pas** d'article indéfini en allemand ! Si vous voulez dire « **des** enfants », ce sera tout simplement « Kinder ».

✓ **les** enfants → **die** Kinder   **des** enfants → Kinder

Übung 2

Donnez l'article indéfini pour chacun de ces mots.

*Exemple : der Park → **ein** Park.*

1. die Frau → .... Frau
2. die Stadt → .... Stadt
3. der Supermarkt → .... Supermarkt
4. der Bus → .... Bus
5. die Kinder → .... Kinder
6. der Herr → .... Herr
7. das Café → .... Café
8. die Straße → .... Straße

Übung 3

Vous souvenez-vous encore du tableau des articles indéfinis ? Essayez de le remplir !

	masculin	féminin	neutre	pluriel
article défini	**der**	**die**	**das**	**die**
article indéfini	....	....	....	....

Pause

Qu'est-ce qu'on trouve dans la ville ?
Cherchez les mots **en allemand** suivant les définitions. La solution se lit de haut en bas dans les cases entourées en gras :

On y va pour prier							
On y va pour boire un café							
Les voitures roulent dessus							
Bâtiment où on habite							
On y va quand on a besoin d'argent							
On le prend quand on veut se déplacer							
Marseille en est une : Berlin aussi							

Der Computer

L'ordinateur

Das Computerspiel

Marianne: Guten Morgen, Sven! Was ist das? Ist das ein Radio?
Sven: Guten Morgen. Nein, das ist ein Computer.
Marianne: Oh, und was ist das?
Sven: Das ist eine CD-ROM.
Marianne: Super. Wir machen ein Computerspiel!
Sven: Ja, das ist toll!
Marianne: Wie heißt das Spiel?
Sven: Das Spiel heißt "Feuer und Eis".
Marianne: Und was passiert?
Sven: Ein Junge spielt gegen ein Mädchen.
Marianne: Und wer gewinnt?
Sven: Der Junge, natürlich.
Marianne: Gut, wir spielen das Spiel. Aber **ich** gewinne!

VOKABULAR

was : *que, quoi*
das Feuer : *le feu*
der Computer : *l'ordinateur*
das Mädchen : *la fille*
nein : *non*
die CD-ROM : *le CD-ROM*
der Junge : *le garçon*
spielen : *jouer*
das Computerspiel : *le jeu électronique*

was ist das? : *qu'est-ce que c'est ?*
das ist : *c'est*
gegen : *contre*
gewinnen : *gagner*
aber : *mais*
das Eis : *la glace*
passieren : *se passer*
das Radio : *la radio*
natürlich : *naturellement, bien sûr*
das Spiel : *le jeu*

« Wer? » ou « was? » - Qui ou que, quoi ?

Le pronom interrogatif « **wer**? » (qui, qui est-ce qui) est utilisé toujours pour une personne :

✓ **Exemple** : Wer kommt auch ? (Qui vient aussi ?) → Marianne kommt auch.

Le pronom interrogatif « **was**? » (que, quoi) est utilisé toujours pour une chose ou un objet :

✓ **Exemple** : Was machst du hier? (Que fais-tu ici ?) → Ich spiele hier.

Übung 1

Remplissez les blancs par « **wer** » ou « **was** » :

1. .... spielt das Computerspiel?

2. .... spielen die Kinder?

3. .... gewinnt das Spiel?

4. .... ist der Junge?

5. .... passiert?

6. .... spielt gegen Sven?

Übung 2

Was ist das? Répondez !

Exemple : Was ist das?  *Das ist eine CD-ROM.*

1. Was ist das?  ....

2. Was ist das?  ....

3. Was ist das?  ....

4. Was ist das?  ....

Die E-Mail

Hallo Thomas!
Ich brauche die E-Mail Adresse von Sandra. Ich suche auch eine Webseite von Berlin. Sandra und ich machen eine Arbeit über Berlin für die Schule. Machst du auch eine Arbeit für die Schule?
Bis bald,
Birgit

Hallo Birgit!
Das ist die E-Mail Adresse von Sandra:
sandra.kusatif@kabel.de. Die Webseite von Berlin ist:
www.berlin.de.
Ich mache eine Arbeit über München. Die Homepage ist super:
www.muenchen.de.
Bis bald,
Thomas

Hallo Thomas!
Danke für die E-Mail Adresse von Sandra. Die Homepage von München ist toll! Die Fotos sind super!
Birgit

die E-Mail : *le courrier électronique*
von : *de, de la part de*
die Arbeit : *le travail*
für : *pour*
über : *(ici) au sujet de, sur*
die Fotos : *les photos*
die Adresse : *l'adresse*
die Webseite : *le site Internet*
die Schule : *l'école*
bis bald! : *à bientôt !*
die Homepage : *la page d'accueil*
toll : *chouette, super*

Übung 3

Répondez en phrases entières :

1. Was ist die E-Mail Adresse von Sandra?

2. Was machen Birgit und Sandra für die Schule?

3. Wie heißt die Webseite für Berlin?

4. Was macht Thomas für die Schule?

5. Wie sind die Fotos von München?

Révision

Cette leçon sera une leçon de révision. Nous allons retrouver ici tout ce que nous avons déjà vu. C'est une occasion pour vous de revoir les règles de grammaire et certains mots. Bon courage !

Les pronoms personnels

ich	→	*je*	sie	→	*elle*	ihr	→	*vous*
du	→	*tu*	es	→	*remplace le neutre*	sie	→	*ils/elles*
er	→	*il*	wir	→	*nous*			

Le verbe « être » → « sein »

ich bin - du bist - er ist - sie ist - es ist - wir sind - ihr seid - sie sind

Les salutations

Le matin, on dit :	« Guten Morgen »
Dans la journée, il faut dire :	« Guten Tag »
Le soir, on dit :	« Guten Abend »

La conjugaison des verbes réguliers (au présent)

Il faut prendre l'infinitif d'un verbe et couper la terminaison « **-en** » pour obtenir ce qu'on appelle le « radical ». Ensuite, on rajoute les terminaisons à ce radical :

✓ **Exemple** : gehen → **geh**/en (aller)
ich **-e** du **-st** er/sie/es **-t** wir **-en** ihr **-t** sie **-en**

ich geh**e**	wir geh**en**
du geh**st**	ihr geh**t**
er/sie/es geh**t**	sie geh**en**

Le verbe « s'appeler » → « heißen »

Est-ce que vous vous rappelez ? Ce verbe n'a pas de pronom en allemand !

« Je **m**'appelle... » en allemand se dit « ich heiße » : c'est comme si on disait « j'appelle » en français.

Curieux, mais c'est comme ça !

ich heiße - du heißt - er heißt - sie heißt - es heißt - wir heißen - ihr heißt - sie heißen

Les déterminants (les genres) : l'article défini

Contrairement au français, en allemand il y a trois genres. En français il existe un masculin et un féminin. Mais en allemand il y a un troisième : le neutre ! On ne peut jamais être sûr du genre du mot allemand. Il faut donc apprendre chaque nouveau mot **avec** son genre !

Masculin :	der	→	der Herr, der Bus, der Computer
Féminin :	die	→	die Stadt, die Haltestelle, die Frau
Neutre :	das	→	das Café, das Mädchen, das Radio
Pluriel :	die	→	die Kinder, die Radios

Les déterminants (les genres) : l'article indéfini

Comme en français, à chaque article défini correspond un article indéfini (le → un, la → une).

Masculin :	der	→	**ein**	ein Bus, ein Park
Féminin :	die	→	**eine**	eine Stadt, eine Frau
Neutre :	das	→	**ein**	ein Mädchen, ein Radio
Pluriel :	die	→	n'existe pas	Kinder, Radios

Les pronoms interrogatifs (les questions)

Nous avons déjà rencontré des pronoms interrogatifs avec lesquels vous pouvez poser des questions. Les voici encore une fois :

Wer? (qui)	Wer ist er? Qui est-il ? (pour les personnes)
Was? (que, quoi)	Was ist das? Qu'est-ce que c'est ? (pour les objets)
Wie? (comment)	Wie heißt du? Comment t'appelles-tu ?

Der Geburtstag

L'anniversaire

Alles Gute zum Geburtstag

— Hallo Marie.
— Hallo Brigitte. Was hast du da?
— Ich habe ein Buch und Schokolade.
— Warum hast du ein Buch und Schokolade?
— Morgen ist eine Party bei Moritz. Er hat Geburtstag.
— Wer ist Moritz?
— Moritz ist der Freund von Petra. Kommst du auch?
— Vielleicht. Wer kommt noch?
— Meike und Sabine kommen. Michael kommt auch.
— Michael kommt? Ja, ich komme auch. Ich bringe eine CD und eine Flasche Limonade.
— Meike und Sabine haben ein Radio.
— Toll, Moritz hat Geburtstag und wir hören Musik!

VOKABULAR

die Party : *la fête, la soirée*
der Freund : *l'ami*
von : *de, de la part de*
noch : *encore*
für : *pour*
die Flasche : *la bouteille*
hören : *écouter, entendre*
die Musik : *la musique*
die Schokolade : *le chocolat*
Alles Gute zum Geburtstag! : *Joyeux anniversaire !*

morgen : *demain*
bei : *chez*
vielleicht : *peut-être*
bringen : *apporter*
toll : *chouette, super*
das Buch : *le livre*
der Geburtstag : *l'anniversaire*
die Limonade : *la limonade*

Le verbe « avoir » : « haben »

Nous allons voir maintenant un autre verbe très important : « avoir » - « haben ».

Comme dans beaucoup de langues, ce verbe est irrégulier. Le voici :

haben
ich habe
du **hast**
er, sie, es **hat**
wir haben
ihr habt
sie haben

Übung 1

Mettez les bonnes formes du verbe « **haben** » :

1. Was ____________ die Kinder?
   Sie ____________ eine CD.

2. Wer ____________ das Geld?
   Petra ____________ das Geld.

3. ____________ ihr ein Radio?
   Ja, wir ____________ ein Radio.

4. Was ____________ du für Sven?
   Ich ____________ ein Spiel für Sven.

5. ____________ Maria Geburtstag?
   Ja, sie ____________ Geburtstag.

Pause

Was bringst du für eine Party? - Qu'apportes-tu à une fête ?
Barrez les éléments qu'on n'apporte pas à une fête !

die Kirche

die Katze

das Spiel

die Schokolade

die Limonade

die Stadt

das Radio

das Eis

das Café

die CD

die Musik

der Park

das Buch

die Straße

Quelques renseignements concernant les pronoms personnels

Le pronom personnel pour la première personne est « **ich** » et, pour la deuxième personne, « **du** ». Pour la troisième personne, nous avons vu qu'il y a trois pronoms : « **er** », « **sie** » et « **es** ».

Maintenant, quelques précisions :

Si on veut remplacer un nom commun masculin en allemand par un pronom personnel, on utilise « **er** ».

✓ **Exemple** : der Hund → er

Si on veut remplacer un nom commun féminin en allemand par un pronom personnel, on utilise « **sie** ».

✓ **Exemple** : die Katze → sie

Mais il existe également le « neutre » qui a son pronom personnel aussi : « **es** ». Si on veut remplacer un nom commun neutre en allemand par un pronom personnel, il faut donc utiliser : « **es** ».

✓ **Exemple** : das Haus → es

En revanche, pour le pluriel, il n'y a qu'un seul pronom : « **sie** ».

✓ **Exemple** : die Kinder → sie die Radios → sie

ACHTUNG!

N'oubliez pas : c'est le déterminant du mot **en allemand** *qui vous indique si le mot est masculin* **der**, *féminin* **die** *ou si c'est un neutre* **das** *!*
Ne pensez pas au mot en français !!!

Übung 2

Réécrivez la phrase en remplaçant l'élément en gras par un pronom personnel.

Exemple : ***Die Haltestelle*** *ist hier. →* ***Sie*** *ist hier.*

1. Wo ist **das Radio**? ....
2. Hast du **die CD**? ....
3. Wer ist **der Herr**? ....
4. Hier ist **das Rathaus**. ....
5. Wir suchen **die Kinder**. ....
6. Das ist **der Computer**. ....
7. Ich trinke **die Limonade**. ....

Lektion 7

Deutschland - Frankreich

L'Allemagne - La France

Deutschland

Frankreich

L'Allemagne compte environ 82 millions d'habitants. Le pays est divisé en 16 Länder ce qui correspond en gros à des départements en France.

Les grandes villes sont :
Berlin – La capitale de l'Allemagne. On construit beaucoup dans cette ville. Il y a des gens qui disent que la ville est un grand chantier ! C'est une ville très étendue. Il y a des bois, des lacs – tout dans une seule ville ! Il y a 3 400 000 habitants.

Hamburg – Hambourg est le port le plus important de l'Allemagne. La ville est reliée par le fleuve Elbe à la mer du Nord. Ainsi, des grands bateaux et des pétroliers peuvent arriver jusqu'au centre de la ville !

Dresden – Dresde est une ville d'art par excellence. Il y a un très beau château (le *Zwinger*) et l'opéra est aussi très important. On y trouve beaucoup de bâtiments de style baroque.

Köln – Cologne, en français. C'est ici qu'un homme a inventé une eau qui est devenue célèbre dans le monde entier : « l'eau de Cologne ». Ici, on peut visiter une grande cathédrale. Malheureusement, une grande partie de la ville a été détruite pendant la Deuxième Guerre mondiale.

Frankfurt – Francfort est peut-être la ville la plus importante de l'Allemagne. Toutes les grandes banques se trouvent ici. La foire de Francfort est mondialement connue. À Francfort, il y a l'aéroport le plus grand de l'Allemagne.

Stuttgart – La ville de Stuttgart est très connue pour la fabrication de voitures. C'est ici que l'on trouve *Mercedes* et *Porsche*. On dit en Allemagne que les habitants de Stuttgart sont « les Écossais » de l'Allemagne… ils seraient un peu radins !

München – La grande ville du Sud. Munich est une très belle ville et superbement située. Elle se trouve aux pieds des Alpes. À Munich on fabrique des BMW. Le club de football « Bayern München » est également très célèbre en Allemagne.

Wo wohnst du?

Moritz:	Hallo. Wie heißt ihr?
Marie-Jeanne:	Ich heiße Marie-Jeanne und er heißt Jean-Pascal.
Moritz:	Wo wohnt ihr?
Jean-Pascal:	Wir wohnen in Frankreich.
Moritz:	In Frankreich? Und wo in Frankreich?
Marie-Jeanne:	Ich wohne in Lyon und Jean-Pascal wohnt in Nizza. Und du?
Moritz:	Ich wohne hier in Deutschland, in Hamburg.
Jean-Pascal:	Kennst du Lyon und Nizza?
Moritz:	Nein.
Marie-Jeanne:	Schade! Lyon und Nizza sind sehr schön!
Moritz:	Ja, aber ich fahre morgen nach Frankreich.
Jean-Pascal:	Nach Frankreich?
Moritz:	Ja, ich fahre nach Paris.
Marie-Jeanne:	*Bon voyage* – Gute Reise!

VOKABULAR

wohnen : *habiter*
wo : *où*
kennen : *connaître*
sehr : *très*
Nizza : *Nice*
fahren : *aller (en voiture, en train), rouler*

Frankreich : *la France*
Deutschland : *l'Allemagne*
schade! : *dommage !*
schön : *beau, bien*
aber : *mais*

ACHTUNG!

Avez-vous remarqué ? La France et l'Allemagne n'ont pas d'article en allemand ! C'est ainsi avec la plupart des pays !

Les prépositions de lieu « in » et « nach »

Pour indiquer que l'on se trouve ou que l'on habite dans une ville ou un pays, on utilise la préposition « **in** ».

✓ **Exemple** : Der Herr ist **in** Berlin. → Le monsieur est à Berlin.
Susanne wohnt **in** Deutschland. → Susanne habite en Allemagne.

Pour dire que l'on va dans ou vers une ville ou un pays, on utilise la préposition « **nach** ».

✓ **Exemple** : Der Herr geht **nach** Berlin. → Le monsieur va à Berlin.
Susanne geht **nach** Deutschland. → Susanne va en Allemagne.

ACHTUNG!

Le verbe fahren *(aller en voiture/en train, rouler, conduire) se conjugue un tout petit peu différemment : il y a un changement à la deuxième et troisième personne du singulier !*

Ich fahre – du fährst – er/sie/es fährt – wir fahren – ihr fahrt – sie fahren.

Vous avez remarqué ? Le **a** *se transforme en* **ä**.

Übung 1

Indiquez s'il s'agit de la préposition « **in** » ou « **nach** ».
Barrez la mauvaise préposition !

Exemple : Ich gehe ~~in~~ / nach Berlin.

1. Der Junge geht in / nach München.
2. Die Frau wohnt in / nach Hamburg.
3. Wir fahren morgen in / nach Deutschland.
4. Sylvia geht in / nach Hamburg.

5. Klaus trinkt Limonade* in / nach Paris.

6. Der Bus fährt von Berlin in / nach Lyon.

7. Nizza ist eine Stadt in / nach Frankreich.

* Voir explication ci-dessous.

ACHTUNG!

En allemand, on ne traduit pas « du, de la, des » quand il s'agit d'une quantité non définie. La phrase : « Je bois de la limonade » donnerait donc en allemand :
« Je bois limonade » → Ich trinke Limonade.

Eine Postkarte

Hallo Mama, hallo Papa!

Ich bin in Paris, in Frankreich.
Die Stadt ist toll!!!!
Hervé und ich, wir sind schon Freunde.
Wir fahren morgen nach Versailles. In Versailles ist ein Schloss.
Es ist sehr schön hier!
Viele Grüße,
Manfred

Briefmarke

Familie

Werner Berger
Feuerstraße 25
70025 STUTTGART

Deutschland

MINI VOKABULAR

das Schloss : *le château*
schön : *beau, bien*
die Familie : *la famille*
die Postkarte : *la carte postale*
die Briefmarke : *le timbre*
Viele Grüße : *Salutations*

Übung 2

Répondez aux questions posées en phrases entières !

1. Wo ist Manfred? Manfred ist im Paris
2. Wo ist Paris? Paris ist in Frankreich
3. Wie ist Paris? Paris ist ~~eine~~ toll!
4. Was macht Manfred morgen? Wir fahren morgen in nach Versailles.
5. Was ist in Versailles? In Versailles, ist ein Schloss

Lektion 8

Die Hobbys

Les loisirs - Les hobbys

Und was machst du gern?

Alex, Mathias und Oliver wohnen in Stuttgart. Alex spielt Fußball, Mathias schwimmt gern und Oliver spielt gern Tennis.
Claudia, Sophie und Renate wohnen auch in Stuttgart. Claudia hat ein Pferd und sie reitet gern. Sophie tanzt und geht gern ins Theater und Renate hört gern Musik.

Mathias:	Guten Morgen, Oliver. Was machst du heute?
Oliver:	Heute spiele ich Tennis. Warum?
Mathias:	Ich gehe heute ins Schwimmbad. Kommst du auch?
Oliver:	Nein. Heute habe ich ein Turnier. Aber morgen bin ich frei!
Mathias:	Das ist gut! Wir spielen morgen Fußball. Vielleicht kommt Alex auch.
Oliver:	Ja, das ist toll. Morgen spielen wir zusammen Fußball!
Claudia:	Ich habe ein Pferd. Mein Hobby ist reiten. Ich reite gern.
Sophie:	Mein Hobby ist tanzen. Jetzt gehe ich ins Theater, es gibt ein Ballett.
Renate:	Ich höre gern Musik. Heute kommt ein Onkel von Paris und bringt eine CD von Jean-Jacques Goldman. Die Musik von Jean-Jacques Goldman höre ich gern!

Und du? Was machst du gern?
Arbeitest du gern für die Schule?

VOKABULAR

(der) Fußball : *(le) football*
(der) Tennis : *(le) tennis*
Tennis/Fußball spielen : *jouer au foot/au tennis*
heute : *aujourd'hui*
warum? : *pourquoi ?*
das Turnier : *le tournoi*
das Hobby : *le hobby, le passe-temps*
das Theater : *le théâtre*
tanzen : *danser*
morgen : *demain*
jetzt : *maintenant*
schwimmen : *nager*
das Pferd : *le cheval*
gern : *« aimer bien » : j'aime bien jouer* → ich spiele gern
frei : *libre*
das Schwimmbad : *la piscine*
zusammen : *ensemble*
das Ballett : *le ballet*
der Onkel : *l'oncle*
reiten : *faire du cheval*
es gibt : *il y a*
arbeiten : *travailler*

La position du verbe conjugué dans la phrase

Aujourd'hui, nous allons voir la première vraie règle de grammaire. Elle est très simple, mais il faut vous en souvenir à chaque fois que vous voulez faire une phrase en allemand. La voici :

V2

Ceci veut dire : le verbe conjugué doit toujours se trouver en deuxième position dans la phrase.

Ce n'est pas forcément le deuxième **mot** : on peut rencontrer un **groupe nominal** (le sujet) qui peut contenir plusieurs mots, mais ça fait **une unité** !

✓ **Exemple : « Le petit enfant** achète un livre ».

Cela nous fait trois mots pour le sujet, mais c'est **une seule** unité.

✓ **Un autre exemple :** « Aujourd'hui, nous allons au cinéma. »

En allemand, on ne met pas de virgule dans cette phrase. Pour que le verbe se trouve en deuxième position, vous devez donc changer l'ordre des mots pour la phrase en allemand.

Cela nous donne : Aujourd'hui allons nous au cinéma.

Aujourd'hui, nous allons au cinéma. → Heute (1) **gehen** (2) wir (3) ins Kino (4).

Bien sûr, on peut dire aussi : Wir (1) **gehen** (2) heute (3) ins Kino (4).

ACHTUNG!

***Exceptions** : il y a trois mots qui ne « comptent » pas comme unité en allemand :* **und** *(et),* **aber** *(mais) et* **oder** *(ou). Nous les appelons des « mots zéro ». Après ces mots, on remet « le compteur » à zéro.*

Exemple : Il habite à Berlin, mais elle habite à Paris.

→ Er wohnt in Berlin, **aber** sie wohnt in Paris.

1 2 3 0 1 2 3

L'important c'est que le verbe conjugué se trouve toujours en deuxième position !

Übung 1

Traduisez les phrases suivantes et donnez deux possibilités pour chaque phrase :

1. Demain, les enfants jouent au foot.

   ....

   ....

2. Peut-être, la fille va à la piscine.

   ....

   ....

3. Aujourd'hui, Thomas et Heike vont au théâtre.

   ....

   ....

4. Maintenant, j'écoute de la musique.

   ....

   ....

Übung 2

Salade de mots : mettez les éléments dans le bon ordre et donnez les deux possibilités pour la bonne phrase.

Exemple : gehen - ins Kino - heute - wir
→ 1. Wir gehen heute ins Kino.
2. Heute gehen wir ins Kino.

1. in die Stadt – ich – jetzt – gehe

Ich gehe jetzt in die Stadt.

Jetzt gehe ich in die Stadt.

2. ein Freund – kommt – heute

Ein Freund kommt heute.

Heute kommt ein Freunde

3. eine Party – die Kinder – machen – morgen

Die Kinder machen mogen eine Party

Mogen machen die Kinder eine Party

4. der Mann – vielleicht – sucht – die Straße

Der Mann sucht vielleicht die Straße

Vielleicht sucht der Mann die Straße.

5. trinke – ich – eine Limonade – jetzt

Ich trinke jetzt eine Limonade

Jetzt trinke ich eine Limonade.

« Aimer bien »

Le fait d'aimer bien faire quelque chose est exprimé par le petit mot « gern » en allemand. La construction est un peu différente qu'en français :

✓ **Exemple** : « J'aime bien danser ».

Pour la phrase en allemand, il faut conjuguer l'infinitif « danser ».

✓ **Exemple** : danser = tanzen → ich tanze

Ensuite, il faut rajouter l'adverbe « gern » : Ich tanze **gern**.

✓ **Un autre exemple** : Il aime bien jouer au foot.

« jouer » = spielen, donc : → Er spielt **gern** Fußball.

Pause

Was machst du gern ? - Qu'est-ce que tu aimes bien faire ?
Indiquez ce que vous aimez faire ou pas :

Ich spiele gern Fußball	ja / nein	Ich gehe gern ins Kino	ja / nein
Ich trinke gern Limonade	ja / nein	Ich höre gern Musik	ja / nein
Ich reite gern	ja / nein	Ich spiele gern Computerspiele	ja / nein
Ich schwimme gern	ja / nein	Ich gehe gern in die Stadt	ja / nein
Ich gehe gern ins Theater	ja / nein	Ich gewinne gern	ja / nein
Ich spiele gern Tennis	ja / nein	Ich tanze gern	ja / nein
Ich gehe gern ins Café	ja / nein	Ich trinke gern Kaffee	ja / nein

Übung 3

Lisez le petit texte et soulignez tous les verbes conjugués.
Ensuite, observez l'emplacement de chaque verbe.

Anja und Andy

Anja ist ein Mädchen. Sie wohnt in Hamburg. Heute kommt Andy und die Kinder spielen zusammen. Andy ist ein Freund von Anja. Er spielt gern Computerspiele, aber Anja hört gern Musik. Sie hat eine CD von "Rosenstolz[1]" und sie hört gern die CD. Morgen spielen Anja und Andy zusammen Tennis. Tennis ist das Hobby von Andy. Er hat morgen ein Turnier. Vielleicht gewinnt er das Turnier?

1. *Rosenstolz* est un duo allemand très connu.

Auf dem Markt

Au marché

Der Markt

Wir sind in München. Heute ist Markt und Frau Weller kauft Obst und Gemüse für die Familie.

Frau Weller: Guten Morgen. Haben Sie Orangen*?
Verkäuferin: Die Orangen kosten 1,90 Euro das Kilo.
Frau Weller: Gut. Ein Kilo bitte. Ich brauche auch Zitronen.
Verkäuferin: Hier. Fünf Zitronen für 1,50 Euro.
Frau Weller: Und ein Kilo Tomaten, bitte.
Verkäuferin: Ein Kilo Tomaten, das macht 2,87 Euro für Sie.
Frau Weller: Mein Sohn macht morgen eine Party. Ich brauche Salat.
Verkäuferin: Hier ist ein Salat.
Frau Weller: Wie viel kostet er?
Verkäuferin: Heute kostet der Salat 1,56 Euro.
Frau Weller: Das ist teuer!
Verkäuferin: Ja, es ist Winter!
Frau Weller: Wann haben Sie Bananen?
Verkäuferin: Bananen habe ich morgen.
Frau Weller: Gut. Ich brauche auch Kartoffeln. Was kosten die Kartoffeln?
Verkäuferin: Hier, Kartoffeln aus Marokko. Ein Kilo für 1,45 Euro.
Frau Weller: Ich kaufe ein Kilo. Was kostet alles zusammen?
Verkäuferin: Das macht 9,28 Euro.
Frau Weller: Hier sind 10 Euro.
Verkäuferin: Danke, und hier sind 72 Cents.
Frau Weller: Auf Wiedersehen.

* À partir de maintenant, nous allons indiquer le pluriel des noms communs en allemand.
Quelques exemples : der Junge (-n) = pluriel : die Junge**n** ; das Kind (-er) = pluriel : die Kind**er** ; der Meter (-) = pluriel : die Meter ; der Markt (¨e) = die Märkte ; der Käse (sans indication) = ne s'utilise généralement pas au pluriel.

der Markt (¨e) : *le marché*
die Orange (-n) : *l'orange*
der Euro : *l'euro*
bitte : *s'il vous plaît, s'il te plaît*
die Tomate (-n) : *la tomate*
wie viel? : *combien ?*
der Winter : *l'hiver*
Marokko : *le Maroc*
alles : *tout*
kaufen : *acheter*
aus : *indique l'origine d'un produit ou d'une personne, être originaire de*
die Banane (-n) : *la banane*
kosten : *coûter*
das Kilo : *le kilo*
die Zitrone (-n) : *le citron*
der Sohn (¨e) : *le fils*
der Salat (-e) : *la salade*
teuer : *cher*
die Kartoffel (-n) : *la pomme de terre*
danke : *merci*
auf Wiedersehen! : *au revoir !*
wann? : *quand ?*
sehen : *voir (irr.)* : ich sehe, du siehst, er sieht

« Die Zahlen » - Les chiffres

0 null
1 eins **2** zwei **3** drei **4** vier **5** fünf
6 sechs **7** sieben **8** acht **9** neun **10** zehn
11 elf (irr.)
12 zwölf (irr.)
13 dreizehn (Le 13 est un chiffre « régulier ». En allemand, on annonce les chiffres à l'inverse. Si vous lisez le mot « dreizehn », vous verrez qu'il est composé de « trois/dix ». Voilà comment font les Allemands.)
14 vierzehn (régulier, donc : quatre/dix)
15 fünfzehn (régulier)
16 sechzehn (attention, ici on a enlevé le « -s » de « sechs »)
17 siebzehn (attention, ici on a enlevé le « -en » de « sieb**en** »)
18 achtzehn (régulier)
19 neunzehn (régulier)

À partir de vingt, tous les chiffres marchent selon le même principe en allemand. Tout ce qu'il vous faut après, ce sont les dizaines et vous pouvez faire tous les chiffres jusqu'à 100 !
Voici un exemple avec 20 :

20	zwanzig	vingt	**25**	fünfundzwanzig	« cinq et vingt »
21	einundzwanzig[1]	« un et vingt »[1]	**26**	sechsundzwanzig	« six et vingt »
22	zweiundzwanzig	« deux et vingt »	**27**	siebenundzwanzig	« sept et vingt »
23	dreiundzwanzig	« trois et vingt »	**28**	achtundzwanzig	« huit et vingt »
24	vierundzwanzig	« quatre et vingt »	**29**	neunundzwanzig	« neuf et vingt »

30 dreißig **31** einunddreißig (un et trente) **32** zweiunddreißig (deux et trente)
40 vierzig **50** fünfzig **60** sechzig **70** siebzig **80** achtzig **90** neunzig
100 hundert (ou bien einhundert)

À partir de 100, on annonce d'abord les centaines. Ensuite, c'est le même schéma qu'avant !

✓ **Exemple** : 123 = « cent/trois et vingt » → (ein-[2]) hundertdreiundzwanzig

101 (ein-) hunderteins **102** hundertzwei **110** hundertzehn
125 hundertfünfundzwanzig
189 hundertneunundachtzig **200** zweihundert **300** dreihundert
600 sechshundert
1 000 (ein-) tausend **1 007** (ein-) tausendsieben
1 333 tausenddreihundertdreiunddreißig

Eh oui. Tous les nombres s'écrivent en un seul mot, même les centaines et les milliers !

ACHTUNG!

Pour les années, il n'y a pas de préposition en allemand !
*Exemple : **en 2005** =* 2005 (zweitausendfünf).

1. Attention : pour les vingt et un, trente et un, etc., il faut enlever le « -s » de « eins » : « einundzwanzig ».
2. Le « ein- » est facultatif.

Übung 1

Wie viel kostet...?

Les prix s'annoncent comme en français. 5,40 € (« cinq euros quarante » se disent « fünf Euro vierzig »). Le mot « Euro » est invariable en allemand. Nous vous indiquons ici le prix en kilo ou par unité. Ensuite, calculez combien coûtent les produits et écrivez le prix en **lettres**. Nous vous avons donné un exemple :

Produkt und Preis	**Wie viel kaufe ich**	**Wie viel kostet es**	→	
Orangen 2,20 €/kg	Ich kaufe 500g	Es kostet 1,10 €	→	ein Euro zehn
Kaffee 4,50 €/500g	Ich kaufe 250g		→	
Tomaten 1,70 €/kg	Ich kaufe 500g		→	
Schokolade 0,85 €/Stück	Ich kaufe 3 Stück		→	
Postkarten 0,43 €/Stück	Ich kaufe 5 Stück		→	
Salat 1,23 €/Stück	Ich kaufe 3 Stück		→	
Kartoffeln 0,95 €/kg	Ich kaufe 5 Kilo		→	

das Produkt (-e) : *le produit*
der Preis (-e) : *le prix*
das Stück (-e) : *la pièce, le morceau*

ACHTUNG!

Quand on annonce les quantités en allemand, on le fait au ***singulier*** *! « 5 kilos » se dit* 5 Kilo. *Ou encore « 3 pièces, unités » =* 3 Stück.

Übung 2

Mathematik.

Donnez le résultat des opérations suivantes en chiffres.

Exemple : dreihundertfünf plus achtzehn = ***323***

1. siebenundachtzig plus achtundfünfzig =

   ....

2. vierhundertdreiundneunzig plus neunundsiebzig =

   ....

3. achthundertachtundachtzig plus zwölf =

   ....

4. hundertsechsundvierzig plus zweihunderteinundneunzig =

   ....

5. dreihundertdreiunddreißig plus sechshundertdreiundzwanzig minus neunhundertsechsundfünfzig =

   ....

La forme de politesse

La **forme de politesse** qui correspond en français à « vous » est exprimée en allemand par « Sie ». C'est-à-dire, on utilise la **troisième personne du pluriel** !

À l'écrit, elle prend toujours une **majuscule**.

Si on veut vouvoyer une personne en allemand il faut dire :

« Que faites-vous ? » → « Was **machen Sie**? » (3e du pluriel)

Wie alt bist du?

Kai:	Hallo. Wie alt bist du?
Axel:	Hallo. Ich bin zwölf. Und du?
Kai:	Ich bin dreizehn. Wie alt ist der Herr?
Axel:	Er ist 45.

Wie alt sind Sie?

Herr Maier:	Guten Abend, Frau Parker.
Frau Parker:	Guten Abend, Herr Maier.
Frau Parker:	Ich bin 38. Und Sie?
Herr Maier:	Ich bin 39.

ACHTUNG!

Avez-vous remarqué ? L'âge en allemand se dit avec le verbe sein *(être) !*
Exemple : J'ai 15 ans = Ich **bin** 15.

Pause 1

Wer sind Sie? - Qui êtes-vous ?
Présentez-vous en répondant aux questions posées !

1. Wie heißen Sie? ....
2. Wo wohnen Sie? ....
3. Wie alt sind Sie? ....
4. Wann haben Sie Geburtstag? ....
5. Haben Sie eine Telefonnummer? ....
6. Wo arbeiten Sie? ....

Pause 2

Pouvez-vous lire ces dates ?

1. Die französische Revolution war 1789.
   La Révolution française était en 1789.

2. 1967 spazierte der erste Mann auf dem Mond.
   En 1967, le premier homme a marché sur la lune.

3. 1989 fiel die Mauer von Berlin.
   Le mur de Berlin est tombé en 1989.

4. Die Brüder Lumière drehten 1895 den ersten Film.
   Les frères Lumière ont tourné le premier film en 1895.

5. Der zweite Weltkrieg endete 1945.
   La Deuxième Guerre mondiale se termina en 1945.

Ein Essen vorbereiten

Préparer un repas

Das Mittagessen

Es ist elf Uhr. Gaby ist schon zu Hause. Heute macht sie das Mittagessen. Sie macht eine Tomatensoße. Die Mutter kommt um 12 Uhr nach Hause.
Gaby braucht eine Dose Tomatenmark, eine Zwiebel, Knoblauch, Pfeffer, Salz und Öl.
Sie schneidet die Zwiebel und den Knoblauch. Sie holt einen Topf. Sie nimmt jetzt das Öl. Dann kommen die Zwiebel und der Knoblauch. Jetzt nimmt sie das Salz und den Pfeffer. Dann öffnet sie die Dose Tomatenmark. Sie braucht noch 0,2 Liter Wasser. Sie rührt alles zusammen. Die Soße kocht 5 Minuten. Jetzt ist die Soße fertig! Am Ende holt Gaby einen Topf für die Spaghetti. Sie kocht das Wasser mit Salz. Die Spaghetti brauchen zehn Minuten.
Es ist zwölf Uhr. Jetzt ist die Mutter zu Hause. Die zwei essen "Spaghetti mit Tomatensoße". Guten Appetit!

VOKABULAR

nach Hause : *(rentrer) à la maison*
das Mittagessen (-) : *le repas de midi*
die Tomatensoße (-n) : *la sauce tomate*
nehmen *(irr.)* : *prendre* :
ich nehme, du nimmst, er nimmt
das Salz : *le sel*
das Öl : *l'huile*
holen : *aller chercher*
dann : *puis, ensuite*
das Wasser : *l'eau*
fertig : *prêt*
die Spaghetti : *les spaghettis*
essen *(irr.)* : *manger*
mit : *avec*
elf Uhr : *onze heures*
zu Hause : *(être) à la maison*
die Mutter (¨) : *la mère*
die Dose (-n) : *la boîte de conserve*
das Tomatenmark : *le concentré de tomates*
der Knoblauch : *l'ail*
der Pfeffer : *le poivre*
schneiden : *couper*
der Topf : *la casserole*
öffnen : *ouvrir*
rühren : *remuer*
am Ende : *à la fin*
kochen : *cuire*
die Zwiebel (-n) : *l'oignon*

Les déclinaisons : nominatif et accusatif

Dans cette leçon, nous allons parler de ce qui est probablement la chose la plus importante dans la grammaire allemande. Il s'agit de ce qu'on appelle les « déclinaisons ».

Cela veut dire qu'un article défini, comme par exemple « **der** », ne sera pas toujours dans cette forme. Il peut devenir « **den** » ou encore « **dem** ». C'est pareil pour les articles indéfinis. Nous avons vu l'article indéfini « **eine** » pour le féminin ; il peut se transformer en « **einer** », par exemple. C'est cette transformation que l'on appelle une déclinaison. Mais bien sûr, comme d'habitude, nous allons doucement pour vous habituer peu à peu à ces nouvelles règles.

On divise les déclinaisons en quatre groupes. On les appelle aussi des « cas ». Le premier de ces quatre cas s'appelle le **nominatif**. Vous le connaissez déjà ! C'est tout simplement ce que nous avons vu jusqu'ici. « Der Mann, die Frau, das Radio, die Kinder, ein Mann, eine Frau, ein Radio, Kinder... », ce sont des formes du **nominatif**. Le nominatif correspond en français au **sujet**, ou **groupe nominal**. Il répond à la question « qui ? » ou « qui est-ce qui ? ».

✓ **Exemple :** **le** garçon — **der** Junge

Qui est le garçon ? — **Wer** ist der Junge?

Le garçon est Paul. — Der Junge ist Paul.

sujet — nomi

Le **nominatif** est utilisé pour les constructions avec le verbe « être » (complément du nom) : Thomas est un ami. → **Thomas** ist **ein Freund**.

nomi = nomi

Dans ce chapitre, nous allons surtout voir le deuxième cas : il s'agit de l'**accusatif**. L'accusatif correspond en français au complément d'objet direct (le COD). Il répond à la question « que, quoi ? ».

✓ **Exemple :** **la** voiture — **der** Wagen

Que vois-tu ? — **Was** siehst du?

Je vois **la** voiture. — Ich sehe **den** Wagen.

COD — accu

Comme vous avez pu remarquer, l'article défini « der » s'est transformé en « **den** ».

Avant de continuer, un petit exercice concernant la grammaire française (pour changer un peu) !

Pause

Indiquez dans ce texte si les noms en gras sont des **nominatifs** (sujet ou groupe nominal) ou des **accusatifs** (complément d'objet direct - COD) :

Thomas est un **garçon** qui habite dans un village près de la mer. Tous les matins, **il** va à la plage. Un matin, **Thomas** voit **un grand dauphin blanc. Le dauphin** s'approche et regarde **le garçon** dans les yeux. **Thomas** n'a jamais vu **un dauphin** ici. **Le garçon** est très étonné. Après quelques minutes, **le dauphin** disparaît dans les vagues.
Thomas rentre à la maison. En route, **il** rencontre **la voisine. La voisine** est **une vieille femme** très gentille. **Thomas** lui raconte **son histoire. La femme** rie et lui dit : « Quand **un garçon** voit **un dauphin blanc** le matin, pendant toute sa vie, le garçon n'aura pas de **chagrin** ! »

Combien de **nominatifs** avez-vous trouvé ? ______________________

Combien d'**accusatifs** ? ______________________

N'oubliez surtout pas qu'après le verbe « être » se trouve un groupe nominal (nomi) :

✓ **Exemple** : **La voisine** est **une vieille femme gentille**.
sujet (nomi) sujet (nomi)

« La voisine » et « la vieille femme », c'est la même personne !

Et voici le tableau qu'il vous faut pour travailler avec les **nominatifs** et les **accusatifs** :

	masculin	féminin	neutre	pluriel
NOMI article défini	der	die	das	die
ACCU article défini	den	die	das	die

	masculin	féminin	neutre	pluriel
NOMI article indéfini	ein	eine	ein	--
ACCU article indéfini	einen	eine	ein	--

✓ **Exemple** : Je vois l'homme → Ich sehe **den** Mann
Je vois un homme → Ich sehe **einen** Mann

Übung 1

Répondez aux questions concernant le texte « Das Mittagessen » en phrases entières !

1. Wer macht heute das Mittagessen?

....

2. Was kocht Gaby?

....

3. Was nimmt Gaby für die Soße?

....

4. Was öffnet Gaby?

....

5. Was holt Gaby für die Spaghetti?

....

6. Was schneidet sie?

....

7. Es ist 12 Uhr. Wer kommt nach Hause?

....

Übung 2

Traduisez les phrases suivantes :

1. La famille achète un ordinateur.

....

2. Le garçon prend le livre.

....

3. La mère boit un café.

....

4. Les enfants ont un tournoi aujourd'hui.

....

5. La fille a un oncle à Cologne.

....

6. Le professeur cherche les enfants.

....

Pause

Rezept für einen Marmorkuchen

Zutaten

4 Eier
250g Butter oder Margarine
370g Zucker
500g Mehl
1 Päckchen Backpulver
125 ml Milch

3 Esslöffel Kakao
2 Esslöffel Zucker
3 Esslöffel Milch

Zubereitung (préparation)

Sie nehmen die Butter oder die Margarine
und mischen sie mit Zucker und Eigelb.
Dann nehmen Sie das Mehl, das Backpulver und die Milch
und rühren alles zusammen.
Das Eiweiß schlagen (Schnee) und mit Teig mischen.
Kakao mit 2 Esslöffel Zucker und 3 Esslöffel Milch rühren.
1/3 von Teig in Kakaomischung rühren.
Die zwei Mischungen in eine Form geben.
50 Minuten / 180° backen.

Guten Appetit!

Mini Vokabular

- das Rezept (-e) : *la recette*
- der Kuchen (-) : *le gâteau*
- das Ei (-er) : *l'œuf*
- die Margarine : *la margarine*
- das Mehl : *la farine*
- die Milch : *le lait*
- der Kakao : *le chocolat*
- das Eigelb : *le jaune d'œuf*
- schlagen : *battre*
- der Teig : *la pâte*
- die Form : *le moule à gâteau*
- backen : *cuire au four*
- das Backpulver : *la levure chimique*
- der Marmorkuchen (-) : *le gâteau marbré*
- die Butter : *le beurre*
- der Zucker : *le sucre*
- das Päckchen (-) : *le sachet, le paquet*
- der Esslöffel (-) : *la cuillère à soupe*
- mischen : *mélanger*
- das Eiweiß : *le blanc d'œuf*
- der Schnee : *la neige*
- die Mischung (-en) : *le mélange*
- geben : *(ici) mettre*
- die Zubereitung : *la préparation*

Lektion 11

In der Schule

À l'école

Die Schule

Es ist Montag. Iris und Doro gehen in die Schule. Sie nehmen den Bus und fahren in die Stadt. Ihre Schule heißt "Willy Brandt Schule". Die Schule beginnt um 8 Uhr.

Doro: Hallo Iris. Wo ist Tanja?
Iris: Tanja bleibt zu Hause. Ihr Bruder ist krank.
Doro: Mein Bruder ist auch krank, aber ich gehe in die Schule!
Iris: Hast du dein Englischbuch?
Doro: Natürlich. Wir haben heute Englisch[1]. Und hast du deine Haus-aufgaben für Mathe?
Iris: Na klar! Ich habe auch meine Übung für Französisch.
Marco: Guten Morgen!
Iris: Guten Morgen, Marco. Du gehst jetzt schon in die Schule?
Marco: Ja. Unser Deutschlehrer ist krank und wir haben zwei Stunden Geschichte heute Morgen.
Doro: Wie heißt euer Deutschlehrer?
Marco: Herr Weinberg.
Iris: Herr Weinberg? Das ist unser Lehrer für Chemie!
Doro: Das ist lustig. Er ist euer Deutschlehrer und unser Chemielehrer.
Marco: Ja. Herr Weinberg hat zwei Fächer. Kennt ihr Frau Strobel?
Doro: Oh ja! Sie ist unsere Lehrerin in Latein. Und heute schreiben wir eine Lateinarbeit.
Iris: Mist! Ich habe mein Lateinheft zu Hause.
Doro: Was, dein Lateinheft ist zu Hause? Das ist schlecht: du bekommst eine Strafarbeit!

---

1. S'il s'agit de l'adjectif « anglais » (du thé anglais), le mot prend une minuscule en allemand. Si on parle de la matière à l'école ou de la langue (il parle anglais), le mot prend une majuscule !

VOKABULAR

die Schule (-n) : *l'école*
krank : *malade*
englisch : *anglais*
die Mathematik (Mathe) : *les mathématiques (les maths)*
die Übung (-en) : *l'exercice*
schon : *déjà*
das Englischbuch (¨er) : *le livre d'anglais*
die Chemie : *la chimie*
der Lehrer (-) : *le professeur*
lustig : *marrant, rigolo*
kennen : *connaître*
(das) Latein : *le latin*
die Lateinarbeit (-en) : *le test en latin*
schlecht : *mauvais*
die Strafarbeit (-en) : *la punition*
natürlich : *bien sûr, naturellement*
beginnen : *commencer*
bleiben : *rester*
die Hausaufgabe (-n) : *le devoir (école)*
der Deutschlehrer (-) : *le professeur d'allemand*
französisch : *français*
na klar : *bien sûr, évidemment (plutôt parlé)*
die Stunde (-n) : *l'heure*
heute Morgen : *ce matin*
die Geschichte (-n) : *l'histoire*
das Fach (¨er) : *la matière (école)*
die Lehrerin (-nen) : *« la » professeur, la maîtresse d'école*
Mist! : *zut !*
das Heft (-e) : *le cahier*
bekommen : *recevoir, (ici) avoir*

Les adjectifs possessifs

Vous avez sûrement remarqué que nous avons utilisé des adjectifs possessifs (mon, ton, son, etc.) dans notre petit dialogue.

Les adjectifs possessifs en allemand ne fonctionnent pas tout à fait comme en français !

D'abord, comme en français, ils s'accordent avec **le genre** de la chose que l'on possède.

Mais en plus, ils se « déclinent » selon le **nominatif**, l'**accusatif** ou les autres cas que nous allons voir dans les leçons 14 et 22.

Pour « construire » le bon adjectif possessif, il faut procéder en deux étapes :

1. Le possesseur	2. La terminaison

Par exemple, si on veut dire « ma voiture » en allemand, il faut d'abord trouver le possesseur (étape 1). Ensuite, il faut trouver la terminaison selon le genre et le cas de ce que l'on possède (étape 2).

Pour reprendre notre exemple : « C'est **ma voiture** ». Ici, la voiture est **à moi** (« mein ») et est au **nominatif** (voir tableau des terminaisons), donc : « Das ist **mein** Wagen ».

Pour changer un peu cet exemple, si on veut dire : « Je prends **ta voiture** », ici la voiture est **à toi** (« dein »), et ce que l'on possède – la voiture – est à l'**accusatif** (voir tableau des terminaisons). Donc : « Ich nehme **deinen** Wagen ».

ACHTUNG!

À la troisième personne du singulier, on distingue également le **genre** *du possesseur ! Par exemple, si quelque chose appartient à un être masculin, on utilise l'adjectif possessif* **sein**. *Si quelque chose appartient à un féminin, on prend* **ihr**. *Pour le neutre ce sera encore* **sein**. *Exemples :*

C'est Thomas. C'est sa voiture. → Das ist Thomas. Das ist **sein** Wagen.
C'est Maria. C'est sa voiture. → Das ist Maria. Das ist **ihr** Wagen.
C'est un enfant. C'est sa voiture. → Das ist ein Kind. Das ist **sein** Wagen.

(Si vous avez fait de l'anglais, cela peut vous aider parce que l'allemand suit la même logique. La voiture appartient à un homme : **his** car. *Si elle appartient à une femme :* **her** car.*)*

Voici les adjectifs possessifs dans un tableau :

mein	ce qui appartient à moi
dein	ce qui appartient à toi
sein	ce qui appartient à un masculin
ihr	ce qui appartient à un féminin
sein	ce qui appartient à un neutre
unser	ce qui appartient à nous
euer	ce qui appartient à vous
ihr	ce qui appartient à eux
Ihr	forme de politesse (votre)

Et voici le tableau des terminaisons :

cas	masculin	féminin	neutre	pluriel
nominatif	----	**-e**	----	**-e**
accusatif	**-en**	**-e**	----	**-e**

Übung 1

Choisissez l'adjectif possessif qui correspond au **sujet** (en gras) et déclinez-le s'il le faut.

Exemple : ***Ich*** *esse __________ Salat. → meinen.*

1. **Der Junge** nimmt __________ Heft.
2. **Die Kinder** machen __________ Hausaufgaben.
3. Heute Nachmittag nimmt **die Lehrerin** __________ Wagen.
4. Spielt **ihr** heute __________ Computerspiel?
5. **Das Mädchen** isst __________ Schokolade.
6. **Wir** sehen __________ Lehrer.
7. **Marianne** trinkt __________ Limonade.
8. **Frau Hase**, haben **Sie** __________ Buch?

Übung 2

Traduisez les phrases suivantes :

1. Mon professeur achète un cahier.

   ....

2. Comment s'appelle votre école, Monsieur Schneider?

   ....

3. Notre maîtresse a un chien.

   ....

4. Ils font leurs exercices.

   ....

5. Elle prend son livre d'anglais et elle fait ses devoirs.

   ....

Les mots composés

Vous avez vu ? Nous avons utilisé certains mots composés dans le dialogue « Die Schule ». Les Allemands raffolent de ces mots composés. Là où on utilise trois mots en français, « livre de français », l'allemand n'utilise qu'un seul : « Französischbuch ». Nous appelons cette règle : « le 12/21 ».

Comme pour les chiffres, on lit ces noms « de la droite vers la gauche ».

Dix-neuf = neunzehn.

✓ **Exemple** : livre de français → Französisch/buch

1 2 → 2 1

Avez-vous compris ? On a inversé les parties des mots. Et c'est la **deuxième partie** du mot en allemand qui nous donnera le genre pour le mot composé.

C'est « **das** Buch », donc ce sera : « **das** Französisch**buch** ».

Pause

Essayez de combiner les éléments ci-dessous pour trouver des mots composés, et indiquez leur genre.

Exemple : die Kindergeschichte
= l'histoire d'enfant / l'histoire pour enfants.

Englisch	Soße
Fußball	Salat
Hausaufgaben	Lehrer
Zitronen	Kaffee
Kakao	**Geschichte**
Kinder	Dose
Milch	Heft
Deutsch	Spiel
Kartoffel	Buch
Tomaten	Flasche
Spaghetti	Eis

Die Schule in Deutschland

In Deutschland gehen die Kinder nur am Vormittag in die Schule. Die Schule beginnt um 8 Uhr oder um 8.30 Uhr und dauert bis 12.30 Uhr oder 13 Uhr. Dann gehen die Kinder nach Hause und essen. Am Nachmittag machen sie ihre Hausaufgaben. Dann spielen sie.
Eine Schulstunde dauert 45 Minuten. Die Noten gehen von eins bis sechs. Eins ist sehr gut, sechs ist sehr schlecht.

nur : *seulement*
dauern : *durer*
bis : *jusqu'à*
oder : *ou, ou bien*
die Schulstunde (-n) : *l'heure de cours*
die Note (-n) : *la note*
der Vormittag (-e) : *la matinée*

WITZ

Lehrer: Warum kommst du zu spät, Ulrich?
Ulrich: Ich habe ein Schild gesehen.
Lehrer: Was hat das Schild damit zu tun?
Ulrich: Auf dem Schild stand: "Achtung Schule, bitte langsam fahren."

Professeur : Pourquoi es-tu en retard ?
Ulrich : J'ai vu un panneau.
Professeur : Qu'est-ce que le panneau a à voir là-dedans ?
Ulrich : Sur le panneau était marqué : « Attention école, ralentissez, s'il vous plaît ».

Die Woche

La semaine

Die Reise nach Frankfurt

Klaus und seine Klasse wollen eine Reise machen. Die Kinder wollen für eine Woche nach Frankfurt fahren. Frau Groll ist ihre Lehrerin. Sie sagt, sie sollen heute den Plan für die Reise machen.

Frau Groll: Was möchtet ihr in Frankfurt sehen?

Andy: Ich will den Zoo sehen. Es gibt Tiere aus Afrika und aus Asien.

Frau Groll: Gut. Am Donnerstag können wir den Zoo sehen. Was noch?

Beate: Ich möchte in ein Museum gehen.

Frau Groll: Gute Idee. Was möchtest du sehen?

Beate: In Frankfurt ist das "Senckenberg Museum". Es gibt Dinosaurier!

Frau Groll: Ok. Dieses Museum können wir am Dienstag oder am Mittwoch besichtigen.

Klaus: Haben Sie eine Idee für Freitag, Frau Groll?

Frau Groll: Nein. Was können wir am Freitag machen?

Vera: Mein Vater sagt, wir können den Flughafen besichtigen.

Andy: Oh ja. Das ist toll. Darf ich meinen Fotoapparat bringen, um Fotos zu machen?

Frau Groll: Natürlich. Wir müssen Fotos für die Schülerzeitung machen.

Katja: Und was möchten Sie in Frankfurt sehen, Frau Groll?

Frau Groll: Ich möchte den "Römer" sehen.

Katja: Was ist der "Römer"?

Frau Groll: Der "Römer" ist das Rathaus von Frankfurt. Es ist sehr schön!

Andy: Ja, prima. Ich will den "Römer" auch sehen. Ich muss ein Foto machen.

Frau Groll: Und am Sonntag müssen wir nach Hause fahren, am Montag haben wir Schule!

Katja: Aber am Samstag gehen wir in ein Restaurant in Frankfurt.

Klaus: Was können wir in Frankfurt essen?

Frau Groll: In Frankfurt könnt ihr Rippchen mit Sauerkraut essen!

die Reise (-n) : *le voyage*
der Plan (¨e) : *le plan*
noch : *encore*
das Tier (-e) : *l'animal*
Asien : *l'Asie*
der Dinosaurier (-) : *le dinosaure*
die Idee (-n) : *l'idée*
sagen : *dire*
der Fotoapparat (-e) : *l'appareil photo*
die Zeitung (-en) : *le journal*
das Rippchen (-) : *côte de porc cuite*
das Sauerkraut : *la choucroute*
Montag[1] : *lundi*
Dienstag : *mardi*
Mittwoch : *mercred*
Donnerstag : *jeudi*

die Woche(-n) : *la semaine*
der Zoo (-s) : *le zoo*
es gibt : *il y a*
Afrika : *l'Afrique*
das Museum (die Museen) : *le musée*
besichtigen : *visiter*
der Vater (¨) : *le père*
der Flughafen (¨) : *l'aéroport*
das Foto (-s) : *la photo*
der Schüler (-) : *l'élève*
die Schülerzeitung (-en) : *le journal d'école*
Samstag : *samedi*
Freitag : *vendredi*
Sonntag : *dimanche*

---

1. On n'utilise les jours de la semaine pas « seuls ». Ils sont toujours précédés de « **am** » : Lundi, nous allons au cinéma. → Am Montag gehen wir ins Kino.

Les verbes dits « de modalité »

Il s'agit de six verbes qui sont irréguliers (au singulier seulement !) et qui ont tous un sens bien précis !

Les voici :

devoir, être obligé	pouvoir, savoir faire	vouloir	avoir le droit, la permission	devoir[1] (qui vient d'une autre personne)
müssen	**können**	**wollen**	**dürfen**	**sollen**
ich muss du musst er muss	ich kann du kannst er kann	ich will du willst er will	ich darf du darfst er darf	ich soll du sollst er soll

Nous rappelons que le pluriel de ces verbes est **régulier** !

Il existe un dernier verbe de ce groupe : « **mögen** ». Ce verbe a la particularité d'avoir deux conjugaisons possibles.

aimer bien (affectif)	« voudrais »
mögen	**« möchten »**
ich mag du magst er mag wir mögen ihr mögt sie mögen	ich möchte du möchtest er möchte wir möchten ihr möchtet sie möchten

✓ **Exemples :**

J'aime bien mon chien → Ich mag meinen Hund. (affectif)

Je voudrais acheter une banane → Ich möchte eine Banane kaufen.

Attention : avec les verbes de modalité, on utilise fréquemment un infinitif.

« Les verbes de modalité
n'ont pas de "t"
à la troisième du singulier »

1. Comme vous avez vu, il y a deux verbes pour « devoir » en allemand : « **müssen** » et « **sollen** ». Le verbe « **sollen** » est utilisé quand une personne dit à une autre ce qu'elle doit faire.
Le professeur dit que je dois faire mes devoirs. → Der Lehrer sagt, ich soll meine Hausaufgaben machen.

L'emplacement de l'infinitif dans la phrase

L'infinitif est toujours en dernière position en allemand !

✓ **Exemple** : Elle voudrait avoir un chien. → Sie möchte einen Hund **haben**.

Notre petit « truc » pour mieux se rappeler :
INF → FIN
(infinitif à la fin).

En allemand, il existe trois possibilités d'avoir un infinitif :

1. L'infinitif « seul », comme par exemple après un verbe de modalité :
   ✓ **Exemple** : Il veut venir demain. → Er will morgen **kommen**.
2. L'infinitif précédé de « à/de », ce qui correspond au « **zu** » en allemand :
   ✓ **Exemple** : Il commence à pleuvoir → Es beginnt **zu** regnen.
   J'ai envie de boire du thé → Ich habe Lust, Tee **zu** trinken.
3. Quand l'infinitif est précédé de « pour », il faut construire la phrase selon le modèle suivant : pour + INF = , « um ... zu + INF »
   ✓ **Exemple** :
   Il joue pour gagner → Er spielt, **um zu** gewinnen. (sans complément)
   Il joue pour gagner le tournoi → Er spielt, **um** das Turnier **zu** gewinnen. (avec complément)

Übung 1

Traduisez les phrases suivantes en utilisant un verbe de modalité pour l'élément (les éléments) en gras.

*Exemple : Elle **a envie de** manger une glace. → Sie will ein Eis essen.*

1. Le professeur dit, les enfants **doivent** faire leurs exercices pour mardi.

   ....

2. Nous **sommes obligés** de prendre notre cahier pour écrire l'exercice.

   ....

3. Dimanche, elle **veut** aller au cinéma.

....

4. Je **voudrais bien** visiter ce musée pour voir des dinosaures.

....

5. Il **est capable** de conduire une voiture.

....

6. Klaus **a le droit** d'apporter son appareil photo.

....

7. Nous **aimons bien** notre professeur !

....

Übung 2

Trouvez le verbe de modalité qui convient et conjuguez-le. Chaque verbe doit être utilisé une seule fois. Parfois, plusieurs solutions sont possibles. À vous de voir !

können - müssen - dürfen - sollen - mögen - « möchten » - wollen

1. Papa, ... ich am Montag ins Kino gehen, um den neuen Film von Disney zu sehen?
2. Tanja, deine Lehrerin sagt, du .... deine Hausaufgaben für Donnerstag machen.
3. Klaus .... einen Computer für seinen Geburtstag.
4. Herr Kramer, ... Sie einen Kaffee?
5. .... ich meine Übung auch am Dienstag machen?
6. Frau Beller .... am Sonntag nach Berlin fahren, um ihre Mutter zu sehen.
7. Ich .... Lulu, mein Pferd!

Pause

Trouvez les solutions **en allemand**. Ensuite vous allez découvrir la solution dans les cases indiquées par la flèche. Il s'agit d'un jour de la semaine très apprécié !

↓

On y va pour voir des tableaux											
On y voit des animaux											
Capitale de l'Allemagne											
Le jour avant mercredi											
On en fait pour avoir des souvenirs											
Le « Römer » à Francfort en est une											
On y va pour prendre un avion											

Autrefois, chaque jour de la semaine était dédié à un dieu.

Le lundi (« Montag ») était dédié au dieu de la lune (« der Mond » = la lune).

En ce qui concerne le mardi, on ne sait plus à quel dieu il était dédié.

Le mercredi (« Mittwoch ») se traduit littéralement « milieu de semaine » (« die Mitte » = le milieu et « die Woche » = la semaine).

Jeudi (« Donnerstag ») était le jour du dieu du tonnerre (« der Donner » = le tonnerre).

Vendredi était le jour de la déesse Freya → « Freitag ».

Pour le samedi, on ne sait plus très bien.

Mais en ce qui concerne le dimanche (« Sonntag »), il était dédié au dieu du soleil (« die Sonne » = le soleil).

Révision

Cette leçon sera une leçon de révision. Nous allons reprendre ce que nous avons vu dans les sept dernières leçons.

Le verbe « avoir » : « haben »

Ce verbe est irrégulier au présent : ich habe - du hast - er/sie/es hat

Le pronom personnel à la 3e personne du singulier

Le pronom « **er** » remplace les masculins (der Freund = er, der Bus = er).
Le pronom « **sie** » remplace les féminins (die Frau = sie, die Stadt = sie).
Le pronom « **es** » remplace les neutres (das Mädchen = es, das Spiel = es).

Les prépositions de lieu « in » et « nach »

Quand on se trouve dans une ville ou un pays, on utilise la préposition « **in** ».

✓ **Exemple** : Wir wohnen in Berlin / Er ist in Deutschland.

Quand on se rend dans une ville ou un pays (sans article), on utilise la préposition « **nach** ».

✓ **Exemple** : Sie gehen nach Paris / Wir fahren nach Frankreich.

Le verbe « fahren »

C'est un verbe qui est très utile en allemand. Il a plusieurs traductions : aller, aller en voiture, aller en train, rouler, conduire. Attention à la conjugaison. À la 2e et 3e personne du singulier, il prend un « **ä** » (du fährst, er fährt).

La position du verbe conjugué dans la phrase

La « règle d'or » de la langue allemande est : **V2**. Le verbe conjugué se trouve en deuxième position dans la phrase allemande !

✓ **Exemple** : Dimanche, nous allons à Francfort

→ Am Sonntag **fahren** wir nach Frankfurt

1 2 3 4

Attention : les petits mots « **aber** » et « **und** » ne comptent pas. Ce sont des mots « zéro ».

✓ **Exemple** : Il va au musée. Mais je vais au cinéma.

→ Er geht ins Museum. **Aber** ich **gehe** ins Kino.

1 2 3 0 1 2 3

« Aimer bien » → « gern »

La notion de « aimer bien » est une construction un peu différente en allemand.

✓ **Exemple** : « J'aime bien boire de la limonade ».

Pour la phrase allemande, il faut chercher l'infinitif que l'on conjugue (le verbe sera donc en 2e position). Ensuite, on le fait suivre de « **gern** » et de ce que l'on aime bien, bien sûr !

→ Ich trinke **gern** Limonade.

Les chiffres de 1 à 100

Pour les chiffres, c'est assez facile en allemand. Il faut connaître les chiffres de 0 à 19 et les dizaines. Par la suite, on « construit » les chiffres toujours d'après le même principe.

✓ **Exemple** : trente cinq « cinq et trente » = fünfunddreißig

quatre-vingt-neuf (neuf et quatre-vingts) = neunundachtzig

La forme de politesse

La forme de politesse en allemand est représentée par la troisième personne du pluriel. Seul changement, elle prend toujours une majuscule !

✓ **Exemple** : Que faites-vous, Madame Bär ? → Was machen **Sie**, Frau Bär?

Les déclinaisons : nominatif et accusatif

Souvent, l'allemand fait peur à cause de ses déclinaisons. Au fait, c'est une habitude à prendre. Ces noms parfois « bizarres », comme « nominatif » ou « accusatif », existent bien aussi en français, mais sous une autre appellation !

Nominatif : c'est tout simplement le sujet, le groupe nominal. On utilise le nominatif également pour les constructions avec le verbe « être » (complément du nom).

✓ **Exemple** : L'homme est mon père → **Der Mann** (nominatif) ist **mein Vater** (nominatif).

Accusatif : c'est le COD (complément d'objet direct).

✓ **Exemple** : Elle a une voiture. → Sie hat **einen Wagen** (accusatif).

Les adjectifs possessifs

Les adjectifs possessifs « se composent » en allemand. Il faut déterminer le possesseur, ensuite il faut rajouter une terminaison selon le cas et le genre de ce que l'on possède.

✓ **Exemple** :

Le professeur prend sa voiture. → Der Lehrer nimmt **seinen** Wagen.

« Possesseur » : Der Lehrer (masculin, donc « **sein** »)

Ce qu'il possède : der Wagen (masculin, accusatif, donc terminaison en « **-en** ») = « **seinen** ».

Les mots composés

L'Allemand aime beaucoup les mots composés. À tel point qu'il en invente parfois que l'on ne trouve même pas dans un dictionnaire ! Pour les construire, c'est facile. C'est le même principe que pour les chiffres : on inverse.

✓ **Exemple** : la salade de tomates → Tomatensalat

Et c'est toujours la dernière partie qui renseigne sur le genre en allemand. C'est « **der** Salat », donc cela nous fait : « **der** Tomaten**salat** ».

Les verbes de modalité

Il s'agit de six verbes irréguliers avec un sens bien précis. Là où le français décrit un verbe « être obligé de », l'allemand a un seul mot, « **müssen** ».

müssen : être obligé, **dürfen** : avoir le droit, la permission, **wollen** : vouloir, **können** : pouvoir, être capable, savoir faire, **sollen** : devoir, si l'ordre vient d'une personne interposée (il dit que je dois faire...), **mögen** : ich mag (j'aime bien), **mögen** : ich möchte (je voudrais).

L'emplacement de l'infinitif dans la phrase

L'infinitif est toujours en dernière position en allemand ! C'est une règle facile, il suffit d'y penser.

✓ **Exemple** : Lundi, la fille voudrait **visiter** un musée.
→ Am Montag möchte das Mädchen ein Museum **besichtigen**.

Das Frühstück

Le petit déjeuner

Das Frühstück

Es ist Sonntag. Familie Bauer ist zu Hause. Es ist 9 Uhr.

Frau Bauer: Kinder! Wo seid ihr?

Martina: Ich bin hier. Und wo ist Norbert?

Frau Bauer: Dein Bruder spielt mit dem Hund. Und wo ist Jean-Pascal?

Martina: Jean-Pascal ruft seine Familie an. Er will mit seiner Mutter sprechen.

Norbert: Guten Morgen Mama. Guten Morgen Martina.

Martina: Guten Morgen. Willst du den Tisch decken?

Norbert: Warum immer ich? Na klar. Ich decke den Tisch. Wo ist die Butter?

Frau Bauer: Oh, die Butter. Ich muss morgen einkaufen. Was trinkt Jean-Pascal?

Martina: Ich glaube, er trinkt Milchkaffee. Du weißt, er kommt aus Frankreich. Die Franzosen trinken gern Milchkaffee.

Frau Bauer: Gut. Ich mache unserem Freund einen Milchkaffee. Was trinkt ihr?

Norbert: Ich trinke Kakao.

Martina: Ich will Tee.

Norbert: Ich hole das Brot, die Brötchen, die Wurst, die Margarine, die Marmelade und den Käse. Wollt ihr ein Ei mit dem Frühstück?

Martina: Oh ja! Es ist Sonntag. Am Sonntag essen wir immer ein Ei.

Jean-Pascal: *Bonjour!* Oh, Entschuldigung, Guten Morgen!

Frau Bauer: Guten Morgen Jean-Pascal. Was macht deine Familie?

Jean-Pascal: Meine Familie geht gut.

Martina: Nein, Jean-Pascal. Man sagt: "Meiner Familie geht es gut"[1].

Jean-Pascal: Deutsch ist schwer! Darf ich dem Hund ein Stück Wurst geben?

Frau Bauer: Na klar. Bello isst gern Wurst!

Norbert: Kann ich das Radio anmachen? Heute Morgen gibt es Deutsch-Rock.

[Norbert macht das Radio an.]

Frau Bauer: Nein, Norbert. Du machst das Radio sofort aus! Wir frühstücken jetzt zusammen.

Norbert: Ich hole noch den O-Saft!

Frau Bauer: Wo ist Vati?

Martina: Ich glaube, Vati schläft noch...

VOKABULAR

das Frühstück : *le petit déjeuner*
an/rufen : *appeler (au téléphone)*
sprechen *(irr.)* : *parler* :
ich spreche, du sprichst, er spricht
den Tisch decken : *mettre la table*
ein/kaufen : *faire des courses*
der Tisch (-e) : *la table*
der Tee : *le thé*
das Brötchen (-) : *le petit pain*
die Margarine : *la margarine*
der Käse : *le fromage*
das Ei (-er) : *l'œuf*
Entschuldigung! : *Pardon !*
schlafen *(irr.)* : *dormir* :
ich schlafe, du schläfst, er schläft
an/machen : *allumer*
aus/machen : *éteindre*
frühstücken : *prendre le petit déjeuner*
der O-Saft (¨e) : *le jus d'o*
der Orangensaft (¨e) : *le jus d'orange*
der Bruder (¨er) : *le frère*
der Hund (-e) : *le chien*
wissen *(irr.)* : *savoir* :
ich weiß, du weißt, er weiß
die Mutter (¨) : *la mère*
die Butter : *le beurre*
glauben : *croire*
der Franzose (-n) : *le Français*
das Brot (-e) : *le pain*
(die) Wurst : *la charcuterie*
die Marmelade (-n) : *la confiture*
immer : *toujours*
schwer : *difficile*
geben *(irr.)* : *donner* :
ich gebe, du gibst, er gibt
der Vati (-s) : *le papa*
sofort : *tout de suite*
das Stück (-e) : *le morceau, la pièce*
mit : *avec (toujours suivi du datif)*

1. Pour dire « Ma famille va bien », on utilise un datif en allemand : « Meiner Familie geht es gut » (littéralement : « Ça va bien à ma famille » !).

Les déclinaisons : datif

Nous allons voir le troisième des quatre cas de la langue allemande : le **datif**. Un bon exemple pour montrer où on utilise un **datif** en allemand est le mot « à » devant une personne.

✓ **Exemple** : Il donne le livre **à** son professeur. Le **datif** remplace le « à ».
→ Er gibt sein**em** Lehrer das Buch[1].

ACHTUNG!

Exception : le verbe « demander à » (fragen). *Ce verbe nécessite un* ***accusatif.***
Exemple : Il demande à son professeur : Où habitez-vous ?
→ Er fragt sein**en** Lehrer: Wo wohnen Sie?

Cela revient au COI (complément indirect) en français.

On utilise le **datif** aussi après certaines prépositions, comme « **mit** » (avec). Chaque fois que vous utilisez cette préposition, il faut un **datif** après !

✓ **Exemple** : Il vient avec un journal → Er kommt mit **einer** Zeitung.

Voici les tableaux de déclinaison pour le **nominatif**, l'**accusatif** et le **datif** :

article défini	masculin	féminin	neutre	pluriel
nominatif	der	die	das	die
accusatif	den	die	das	die
datif	dem	der	dem	den[2]

article indéfini	masculin	féminin	neutre	pluriel
nominatif	ein	eine	ein	--
accusatif	einen	eine	ein	--
datif	einem	einer	einem	[2]

adjectif possessif	masculin	féminin	neutre	pluriel
nominatif	mein	meine	mein	meine
accusatif	meinen	meine	mein	meine
datif	meinem	meiner	meinem	meinen[2]

1. Les personnes sont prioritaires dans la phrase allemande. Voir plus loin dans ce chapitre.
2. Voir « Achtung! » page suivante.

ACHTUNG!

Pour un datif pluriel, il faut rajouter un « -n » supplémentaire au pluriel du nom !
Exemple : das Kind → die Kinder. *Mais :* Er kommt mit den Kinder**n**.

À vous de jouer !

Übung 1

Donnez la bonne terminaison de la déclinaison.

Exemple : Er spielt mit d_____ Computer.
*→ Er spielt mit **dem** Computer.*

1. Der Junge möchte ein Frühstück mit ein______ Ei.
2. Ich sage mein______ Mutter "Guten Tag".
3. Er isst den Käse mit ein______ Stück Brot.
4. Martina gibt ihr______ Vater die Marmelade.
5. "Möchtest du Milch mit d______ Kaffee?"
6. Die Mutter kommt mit d______ Brot, mit d______ Marmelade und mit d______ Butter.

ACHTUNG!

***La phrase allemande** ne se construit pas toujours comme la phrase française. Il y a là aussi des règles assez strictes. Mais nous vous donnons un petit « truc » qui marche assez bien.*
La phrase standard en allemand est :
***sujet** – **verbe** conjugué – le **temps** – les personnes – le reste.*

Exemple : La fille va au théâtre avec sa mère cet après-midi. En allemand la phrase se construit donc :

Das Mädchen geht heute Nachmittag mit seiner Mutter ins Theater.

sujet — V2 — temps — personne — reste

Les verbes à particule séparable

Il y a certains verbes qui ont la particularité de « se couper en deux » quand on les conjugue. La « particule » va à la fin de la phrase ou de la proposition.

✓ **Exemple** : an/machen (allumer)

Si on veut dire : « Il allume la radio », il faut conjuguer la partie « verbe » : « **machen** ». La particule « an » va à la fin. → Er **macht** das Radio **an**.

Si on utilise un verbe « à particule séparable » à l'infinitif, il reste inchangé : Il veut allumer la radio → Er will das Radio **anmachen**.

Übung 2

Traduisez les phrases suivantes :

1. La mère veut faire des courses demain.

2. Cet après-midi, j'appelle mon ami.

3. Peux-tu allumer l'ordinateur ?

4. À huit heures, nous éteignons la radio.

5. Je vais au supermarché et je fais des courses.

Übung 3

Trouvez les mots qui manquent dans ce résumé du dialogue « Frühstück mit der Familie » :

Frau Bauer möchte das ________________ machen. Martina ist hier, aber Norbert spielt mit __________ Hund. Jean-Pascal, ein Freund aus __________________, ruft seine Eltern ________. Er will mit ________________ Mutter sprechen. Es ist Sonntag und Norbert muss den Tisch ______________. Er holt das ______________, die _________________ und den _________________. Auch Bello bekommt ein ______________ Wurst. Er isst ____________ Wurst! Aber wo ist der Vater? Er _________________ noch!

Pause

Cochez ici ce qu'il faut pour un petit déjeuner allemand :

	ja	nein		ja	nein
die Milch			das Ei		
der Kaffee			das Pferd		
der Hund			das Englischbuch		
die Wurst			das Eis		
die Zwiebel			das Brot		
die Butter			der Käse		
die Tomatensoße			das Feuer		
die Margarine			die Tomate		
die Marmelade			das Brötchen		
der O-Saft			das Salz		
das Geld			das Deutschbuch		

Lektion 15

Die Kleidung und die Farben

Les vêtements et les couleurs

Iris hat Probleme

Iris: Mama, ich brauche eine neue Jeans.

Mutter: Deine Jeans ist noch gut. Warum willst du keinen Rock?

Iris: Nein. Röcke sind nicht modern.

Mutter: Du hast eine blaue Hose und eine gelbe Hose.

Iris: Mama, eine blaue Hose ist keine Jeans! Und die gelbe Hose ist total ungeil.

Mutter: Du hast dein Taschengeld. Du kannst eine neue Jeans kaufen.

Iris: Ja, aber ich brauche auch einen schwarzen Pulli.

Mutter: Was? Warum brauchst du einen schwarzen Pulli?

Iris: Am Samstag ist eine Party bei Arno. Ich habe keine Klamotten. Und mein rotes Kleid ist zu hässlich! Was soll ich tragen?

Mutter: Das ist nicht richtig! Du hast eine schöne, rosa Bluse, ein lila T-Shirt und eine schicke, grüne Jacke. Und dein rotes Kleid ist nicht hässlich!

Iris: Ja, aber die Party ist wichtig. Ich muss schön sein. Mit einer Jeans und einem schwarzen Pulli ist das toll. Oder kann ich das weiße Hemd von Papa nehmen?

Mutter: Das weiße Hemd ist zu groß. Und es ist alt. Aber warum ist die Party so wichtig?

Iris:	Mmmh, wie kann ich es sagen? Der Oliver[1] kommt.
Mutter:	Wer ist der Oliver?
Iris:	Oliver ist der neue Schüler.
Mutter:	Ah. Der nette Junge aus Hamburg?
Iris:	Nein, er kommt nicht aus Hamburg. Er ist aus Kiel. Er hat ein tolles Motorrad!
Mutter:	Ok. Du kannst eine neue Jeans kaufen. Aber ihr fahrt nicht mit dem Motorrad!
Iris:	Versprochen, Mama! Wo ist mein Handy? Ich muss Oliver sofort anrufen.

VOKABULAR

das Problem (-e) : *le problème*
der Rock (¨e) : *la jupe*
blau : *bleu*
das Taschengeld : *l'argent de poche*
der Pulli (-s) : *le pull, le pull-over*
gelb : *jaune*
rot : *rouge*
hässlich : *laid*
tragen *(irr.)* : *porter* :
ich trage, du trägst, er trägt
richtig : *vrai, juste*
die Bluse (-n) : *le chemisier mauve*
das T-Shirt (-s) : *le t-shirt*
grün : *vert*
weiß : *blanc*
groß : *grand*
neu : *nouveau*
nett : *gentil, sympa*
versprochen! : *promis !*
das Handy (-s): *le portable*
zu *(devant adjectif)* : *trop*
modern : *modern*
die Hose (-n) : *le pantalon*
schwarz : *noir*
die Klamotten *(fam.)* : *les fringues*
"total ungeil" *(fam.)* : *« complètement nul »*
die Jeans (-) : *le jeans (s'emploie en allemand au singulier fém. et au pluriel)*
rosa *(inv.)* : *(couleur) rose*
lila *(inv.)* : *(couleur) mauve*
schick : *chic*
wichtig : *important*
das Hemd : *la chemise*
alt : *vieux*
der Schüler (-) : *l'élève, l'écolier*
das Motorrad (¨er) : *la moto*

1. En allemand, on utilise fréquemment les prénoms avec un article défini. « Sylvie » est donc « **die Sylvia** ». Ca n'a rien de choquant pour un Allemand !

Les adjectifs

On distingue deux groupes d'adjectifs : les attributs et les épithètes. Cette distinction est très importante pour la grammaire allemande.

1. **Les adjectifs attributs** sont toujours combinés avec un verbe d'état (comme le verbe « être »). On leur a « attribué » un ~~verbe~~ : la maison **est grande**.
Ces adjectifs sont invariables en allemand !!! adjectif

✓ **Exemple :** der Pulli ist **klein** – die Bluse ist **klein**
das Hemd ist **klein** – die Blusen sind **klein**

Profitez-en, il n'y a pas d'exception !

2. **Les adjectifs épithètes**, ceux qui sont toujours en contact direct avec le nom qu'ils qualifient, se déclinent **toujours** (selon le genre, le cas NOMI, ACCU, DATI) et se placent toujours **devant** le nom en allemand :

✓ **Exemple :** une chemise bleue → ein blaues Hemd
une belle chemise → ein schönes Hemd

Pour trouver la bonne forme de l'adjectif épithète, nous vous redonnons les tableaux de déclinaison complète avec la terminaison des adjectifs :

Tableau « défini »	masculin	féminin	neutre	pluriel
NOMI adjectif défini	der **-e**	die **-e**	das **-e**	die **-en**
ACCU adjectif défini	den **-en**	die **-e**	das **-e**	die **-en**
DATI adjectif défini	dem **-en**	der **-en**	dem **-en**	den **-en**

Tableau « indéfini »	masculin	féminin	neutre	pluriel
NOMI adjectif indéfini	ein **-er**	eine **-e**	ein **-es**	-- **-e**
ACCU adjectif indéfini	einen **-en**	eine **-e**	ein **-es**	-- **-e**
DATI adjectif indéfini	einem **-en**	einer **-en**	einem **-en**	-- **-en**

Tableau « possessif »	masculin	féminin	neutre	pluriel
NOMI adjectif possessif	mein **-er**	meine **-e**	mein **-es**	meine **-en**
ACCU adjectif possessif	meinen **-en**	meine **-e**	mein **-es**	meine **-en**
DATI adjectif possessif	meinem **-en**	meiner **-en**	meinem **-en**	meinen **-en**

Pour mieux se retrouver, nous allons faire un exemple ensemble :

✓ **Exemple** : La belle femme achète un pull noir
Sujet/féminin verbe COD

→ Die schön**e** Frau kauft einen schwarz**en** Pulli
Nomi/fém/Tab déf V2 Acc/masc/Tab indéf

Übung 1

Trouvez les bonnes terminaisons.

Exemple : Sie kauft ein____ neu____ Bluse.
*→ Sie kauft eine neu**e** Bluse.*

1. Ich trage heute ein______ neu______ Kleid.
2. Die Party ist für Iris sehr wichtig______!
3. Deine schwarz______ Hose ist schön______.
4. Die Kinder kaufen ein______ rosa______ Pulli für die Mutter.
5. Schade, aber die gelb______ Jacke ist zu klein______!
6. Nimmst du das grün______ T-Shirt und den blau______ Rock?
7. Iris sagt, das Motorrad ist toll______.

La négation

Il existe deux formes de négation en allemand : une pour l'article indéfini et une autre pour les autres constructions.

1. **Article indéfini** : c'est la négation, la plus facile ! On prend l'article indéfini et on colle un « **k** » devant.

✓ **Exemple** : J'ai un chien. → Ich habe einen Hund.
Je n'ai pas de chien. → Ich habe **k**einen Hund.

D'une façon générale, on peut dire que « pas de » est la négation « **kein** ».

ACHTUNG!

kein *se décline (voir tableau « possessif »).*

2. Pour les autres négations : on utilise « **nicht** » (donc « ne… pas » se dit en un seul mot en allemand !) :

✓ **Exemple** : Ich esse → Je mange / Ich esse **nicht** → Je ne mange pas

Assez facile… mais le « **nicht** » a un emplacement très spécial : « **nicht** » veut être à la fin de la phrase ou de la proposition :

✓ **Exemple** : Ich kaufe die Hose **nicht**.

Mais le « **nicht** » peut rencontrer certains éléments qui l'arrêtent en pleine phrase. C'est comme une grosse pierre qui est tombée sur la route et la voiture doit freiner et s'arrêter devant. Ces « pierres » sont :

- Une préposition (mit, aus, von, in, etc…) :

  ✓ **Exemple** : Der Junge kommt **aus** Hamburg. → Der Junge kommt <u>nicht</u> **aus** Hamburg.

- Un adjectif attribut :

  ✓ **Exemple** : Das neue T-Shirt ist **schön**. → Das neue T-Shirt ist <u>nicht</u> **schön**.

- Un infinitif :

  ✓ **Exemple** : Er will die blaue Hose **kaufen**. → Er will die blaue Hose <u>nicht</u> **kaufen**.

- Une particule d'un verbe séparable :

  ✓ **Exemple** : Sie macht das Radio **an**. → Sie macht das Radio <u>nicht</u> **an**.

Ne vous affolez pas, on s'y fait assez rapidement !

Übung 2

Traduisez les phrases suivantes :

1. Mon ami n'achète pas la chemise rouge.

   ………………………………………………………………

2. Je ne veux pas de robe. Une robe n'est pas belle.

   ………………………………………………………………

3. La fille ne veut pas porter la jupe verte.

4. Arno n'éteint pas son ordinateur.

5. Iris n'a pas de belles fringues.

6. Nous n'allons pas à Munich.

Pause 1

Wie ist was? Reliez les éléments qui vont ensemble :

1. der Kaffee	a. gelb
2. die Banane (*la banane*)	b. weiß
3. die Milch *(le lait)*	c. schwarz
4. der Frosch *(la grenouille)*	d. blau
5. das Wasser (*l'eau*)	e. rot
6. die Tomate	f. grün

Pause 2

Wie ist was? Entourez l'adjectif qui convient :

der Rock	ist	modern / richtig / nett
der Termin *(le rendez-vous)*	ist	schick / alt / wichtig
der Eiffelturm *(la Tour Eiffel)*	ist	nett / neu / groß
die Übung	ist	alt / richtig / neu
die Pyramiden *(les pyramides)*	sind	schick / modern / alt
die alte Hexe *(la sorcière)*	ist	neu / hässlich / nett

Lektion 16

Im Sportgeschäft

Au magasin de sport

Das Sportgeschäft

Ingo hat einen Einkaufsgutschein von 100 € für Sportartikel. Er und sein Freund Mehmet gehen in das Sportgeschäft. Ingo hat seinen Gutschein und kann für 100 € einkaufen. Die zwei Jungen gehen durch das Geschäft und sehen die Sportartikel an.

Ingo : Komm, Mehmet! Hier sind die Fahrräder.

Mehmet: Willst du ein Fahrrad kaufen? Ein Fahrrad ist teuer.

Ingo: Ja, ich weiß. Sieh den Preis: 148 €! Das ist zu viel.

Mehmet: Möchtest du vielleicht einen neuen Tennisschläger für deine Tennisturniere?

Ingo: Das ist eine gute Idee. Am Sonntag spiele ich gegen Uwe. Mit einem neuen Tennisschläger gewinne ich vielleicht.

[Die Kinder gehen um das Regal.]

Mehmet: Das ist ein toller Schläger! Aber es gibt keinen Preis. Fragen wir den Verkäufer!

Ingo: Entschuldigung. Was kostet der Schläger hier?

Verkäufer: Dieser Schläger ist ein neues Modell. Er kostet 99 €.

Ingo: 99 €... Dann bleibt nichts mehr für eine neue Badehose.

Mehmet: Warum brauchst du eine neue Badehose?

Ingo: Wir fahren im Sommer in die Türkei. Wir haben ein tolles Hotel mit einem tollen Strand!

Mehmet: Was, ihr fahrt in die Türkei? Das ist super. Meine Eltern kommen aus der Türkei. Kauf eine Badehose und eine Taucherbrille! Dann kannst du tauchen.

Ingo: Oh ja. Ich probiere eine Badehose an. Aber wo sind Badehosen?

Mehmet: Frag den Verkäufer.

Ingo: Haben Sie Badehosen für Kinder?

Verkäufer: Nein. Leider nicht. Nur für die Erwachsenen.

Ingo: Ich kann nicht ohne eine Badehose schwimmen! Wo sind die Taucherbrillen?

Verkäufer: Hier rechts. Wir haben alle Modelle.

Mehmet: Schau mal! Eine rosa Taucherbrille. Das ist verrückt!

Ingo: Das ist für ein Mädchen! Hier ist eine schöne Taucherbrille. Sie kostet 38 €. Dann bleiben noch 62 €.

Mehmet: Brauchst du einen neuen Rucksack? Hier ist ein tolles Sonderangebot. 18,55 €.

Ingo: Nicht schlecht.

Mehmet: Nimm den Rucksack!

Ingo: Ich möchte auch Sportschuhe. Komm die Schuhe sind da, links.

Mehmet: Hier sind nur Stiefel.

Ingo: Danke, aber ich reite nicht! Aber hier sind geile Sportschuhe! 189 €. Nein, danke. Schau mal, Mehmet: Inliner für 99 €! Das ist super.

[Ingo spricht mit dem Verkäufer.]

Ingo: Bringen Sie bitte den Rucksack und die Badehose zurück, ich nehme die Inliner.

das Sportgeschäft (-e) : *le magasin de sport*
durch : *à travers, traverser*
an/sehen : *regarder*
das Fahrrad (¨er) : *le vélo*
zu viel : *trop*
der Tennisschläger (-) : *la raquette de tennis*
der Verkäufer (-) : *le vendeur*
nichts mehr : *plus rien*
im Sommer : *en été*
das Hotel (-s) : *l'hôtel*
die Eltern : *les parents*
tauchen : *plonger, faire de la plongée*
leider : *malheureusement*
schau mal! : *tiens, regarde !*
verrückt : *fou*
das Sonderangebot (-e) : *l'offre spéciale*
der Schuh (-e) : *la chaussure*
der Stiefel (-) : *la botte*
die Inliner : *les rollers*
nicht schlecht : *pas mal*
der Sportschuh (-e) : *la chaussure de sport*
der Einkaufsgutschein : *le bon d'achat*
das Geschäft (-e) : *le magasin*
der Gutschein (-e) : *le bon, le chèque cadeau*
der Sportartikel (-) : *l'article de sport*
der Preis (-e) : *le prix*
vielleicht : *peut-être*
die Taucherbrille (-n) : *le masque de plongée*
das Modell (-e) : *le modèle*
die Badehose (-n) : *le maillot de bain*
die Türkei : *la Turquie*
der Strand (¨e) : *la plage*
der Schläger (-) : *la raquette*
an/probieren : *essayer (un vêtement)*
der Erwachsene (-n) : *l'adulte*
ohne : *sans*
der Rucksack (¨e) : *le sac à dos*
geil *(fam.)* : *super, méga*
zurück/bringen : *ramener*

Les prépositions suivies de l'accusatif

Certains « petits mots » que l'on appelle des prépositions, sont très importants pour la langue allemande. Ces prépositions ne se traduisent pas toujours mot à mot. Utilisées avec certains verbes, elles peuvent modifier le sens du verbe en question. En plus, elles exigent une déclinaison. Il y trois groupes de prépositions. Dans cette leçon, nous allons voir les prépositions qui sont toujours suivies d'un **accusatif** :

durch	Ce petit mot donne le sens de « traverser » (à travers). Mais, pour dire en allemand, « Il traverse la ville », il faut dire : « Il va à travers la ville ». On a donc besoin d'un verbe. Souvent, on a recours au verbe « gehen ». Quand on traverse la ville, on est soit à pied (« gehen »), soit en voiture (« fahren »). Achtung : on ne peut pas utiliser la préposition « durch » pour dire « traverser » une rue ou une place en allemand ! On utilise la préposition « über » (voir leçon 21).	*Er geht durch die Stadt.* *Er fährt durch die Stadt.*
für	Assez simple : « pour »	*Er hat ein Buch für seinen Freund.* (Il a un livre pour son ami)
	Achtung : « pour + infinitif » = , um ... zu + infinitif (voir leçon 12).	
gegen	« contre » (abstrait)	*Sie ist gegen diese Idee.* (Elle est contre cette idée)
	« contre » (plus **choc**)	*Er fällt gegen die Mauer.* (Il tombe contre le mur)
ohne	« sans »	*Ich komme ohne den Hund.* (Je viens sans le chien)
um	a) « autour de, faire le tour, contourner »	*Der Bus fährt um die Stadt.* (Le bus contourne la ville)
	b) pour l'heure « pile »	*um 13 Uhr* (à 13 heures précises)

Übung 1

Trouvez la bonne préposition qui demande un accusatif et la déclinaison :

1. Ingo und Mehmet gehen .... ein...... Sportgeschäft.
2. Ingo braucht einen neuen Tennisschläger .... sein..... Turnier.
3. Am Sonntag spielt er .... ein...... neu...... Spieler.
4. Das Turnier beginnt .... 13 Uhr.
5. Aber ...... ein...... neu...... Schläger kann er vielleicht nicht gewinnen.

Übung 2

Traduisez les phrases suivantes en utilisant une préposition qui demande l'accusatif :

1. La fille vient sans son nouveau vélo.

   ----

2. Il veut acheter un nouveau maillot de bain pour la piscine.

   ----

3. Dimanche, la France joue contre la Turquie.

   ----

4. Nous prenons le petit déjeuner à 9 heures.

   ----

5. La voiture contourne la maison.

L'impératif

On distingue entre trois impératifs en allemand.

1. Donner un ordre à **une** personne que l'on tutoie : « Donne le livre ! » On se base sur la **deuxième** personne du singulier et on coupe la terminaison « **-st** ».

✓ **Exemple** : donner = geben : tu donnes = du gib/st → **gib!** Gib das Buch!

2. Donner un ordre à **plusieurs** personnes que l'on tutoie : « Donnez le livre, mes enfants ! » On utilise la deuxième personne du pluriel : « Donnez le livre ! »

✓ **Exemple** : donner = geben :
vous donnez = ihr gebt → **Gebt** das Buch, meine Kinder!

3. Donner un ordre à **une** ou **plusieurs** personnes que l'on vouvoie : « Donnez le livre, Madame Berger ! » On utilise la forme de politesse (leçon 9) en rajoutant « **Sie** » après.

✓ **Exemple** : Geben Sie das Buch, Frau Berger!
« Allez au cinéma, Mesdames et Messieurs ! »
→ Gehen Sie ins Kino, meine Damen und Herren!

ACHTUNG!

Les verbes suivants sont irréguliers !

lesen : du liest → **lies** essen : du isst → **iss**

Übung 3

Mettez le verbe à l'impératif.

Exemple : (trinken) deine Limonade! → Trink deine Limonade!

1. (kaufen) die Taucherbrille!
2. Mama ist heute Mittag nicht da. (machen) bitte das Mittagessen, Papa.
3. (holen) bitte den Rucksack, Herr Müller!
4. (nehmen) das Buch und (lesen), Ingo!
5. Frau Führer, (kommen) bitte um 20 Uhr für die Party.
6. Ingo, Klaus und Marie, (machen) die Hausaufgaben für Französisch!

Pause

Wer braucht was? - Qui a besoin de quoi ? Pouvez-vous trouver les accessoires dont nos amis ont besoin pour pratiquer leur sport ? Bien sûr, il faut mettre les lettres dans le bon ordre !

1. Oliver schwimmt gern.
2. Thomas spielt am Sonntag Fußball.
3. Anette reitet heute Nachmittag.
4. Boris spielt immer Tennis.

a. **h a b s e o d e**	b. **l l b a**	c. **d p r f e**	d. **r e g ä l h c s**

Ein Besuch in Paris

Une visite à Paris

Besuch in Paris

Mario besucht seinen Brieffreund Jean-Philippe in Paris. Heute zeigt Jean-Philippe seinem Freund die Stadt.

Jean-Philippe: Komm Mario, wir nehmen die Metro. Das ist der Name von der U-Bahn in Paris. Zuerst fahren wir zu dem Eiffelturm.

Mario: Toll. Ich muss meinen Eltern eine Karte vom Eiffelturm schicken!

Jean-Philippe: Der Eiffelturm ist 318 Meter groß und ist aus Eisen!

Mario: Warte, ich muss ein Foto machen. Schau mal, die Leute! Es gibt viele Touristen. Japaner, Amerikaner, usw.

Jean-Philippe: In Paris gibt es überall Touristen! Was möchtest du nach dem Eiffelturm sehen?

Mario: Ich möchte den Montmartre mit der großen, weißen Kirche sehen.

Jean-Philippe: Ah du meinst die "Sacré Cœur". Ja gut. Komm, wir nehmen die Metro bis zu der Station "Anvers". Dann können wir durch den Park gehen. Von der Kirche "Sacré Cœur" hat man einen tollen Blick auf Paris. Und man kann von hier den Eiffelturm sehen.

Mario: Das ist super! Und wie heißt die große Straße dort?

Jean-Philippe: Das sind die "Champs Élysées". Und dort kannst du den Triumphbogen sehen. Ah, da kommt Jérôme, er ist der Freund von meiner Schwester. Hallo Jérôme.

Jérôme: Hallo, Jean-Philippe. Was machst du hier?

Jean-Philippe: Ich bin mit Mario hier. Er ist mein Brieffreund aus Hamburg. Ich zeige Mario Paris. Er verbringt seine Ferien hier.

Jérôme: *Salut*, Mario. Wie findest du die Hauptstadt von Frankreich?

Mario: Ich finde, Paris ist genial! Ich bin seit drei Tagen hier und es gibt noch so viel zu sehen.

Jérôme: Und was macht ihr nach der "Sacré Cœur"?

Jean-Philippe: Wir nehmen einen Bus und fahren zur "Notre Dame". Und was machst du jetzt?

Jérôme: Ich gehe zu einem Freund. Wir müssen für die Uni arbeiten. Tschüs und viel Spaß in Paris!

Mario: Was ist die "Notre Dame"?

Jean-Philippe: "Notre Dame" ist eine sehr alte Kirche. Du musst sie sehen! Heute Mittag essen wir bei meiner Mutter und am Nachmittag gehen wir zum Flohmarkt. Dort kannst du alte Klamotten kaufen.

Mario: Ich möchte auch noch ein Foto von der Oper machen. Und können wir auch den Louvre besichtigen?

Jean-Philippe: Nicht so schnell! Die Oper sehen wir nach der "Notre Dame". Dann besichtigen wir den Louvre. Und am Sonntag machen wir einen Ausflug nach Versailles.

Mario: Und wo ist Marseille?

Jean-Philippe: Marseille ist nicht bei Paris!

VOKABULAR

der Besuch (-e) : *la visite*
zuerst : *d'abord*
schicken : *envoyer*
warten : *attendre*
der Tourist (-en) : *le touriste*
der Amerikaner (-) : *l'Américain*
überall : *partout*
meinen : *vouloir dire*
der Blick (-e) : *la vue*
der Triumphbogen : *l'Arc de Triomphe*
finden : *trouver*
Viel Spaß! : *Amuse-toi bien ! / Amusez-vous bien !*
tschüs : *salut (pour dire « au revoir »)*
die Oper (-n) : *l'opéra*
schnell : *vite, rapide*
die Ferien (pl) : *les vacances*
der Ausflug (¨e) : *l'excursion*
die U-Bahn (-en), die Metro : *le métro*
der Eiffelturm : *la tour Eiffel*
das Eisen : *le fer*
die Leute : *les gens*
der Japaner (-) : *le Japonais*
usw. (und so weiter) : *etc.*
die Kirche (-n) : *l'église*
die Station (-en) : *la station*
auf : *sur*
der Brieffreund (-e) : *le correspondant*
die Hauptstadt (¨e) : *la capitale*
die Uni (-s), die Universität (-en) : *la fac, l'université*
so viel : *tant, tellement*
der Flohmarkt (¨e) : *le marché aux puces*
verbringen : *passer (le temps)*

Les prépositions suivies du datif

Nous allons continuer avec les prépositions. Ici, nous voyons le deuxième groupe : les prépositions qui sont toujours suivies d'un **datif**. Comme nous l'avons déjà vu avec les prépositions suivies de l'**accusatif**, ces prépositions ne se traduisent pas toujours mot à mot : elles modifient le sens d'un verbe.

aus

a) donne la notion d'origine, être originaire de — *Jean kommt aus Paris.* (Jean est originaire de Paris)

b) « en matière de » — *Die Flasche ist aus Glas.* (La bouteille est en verre.)

c) exprime la notion de « sortir » d'un lieu. Le verbe « sortir » est assez spécial en allemand. Il faut travailler avec la préposition « **aus** » et trouver le verbe qui exprime ce que l'on fait réellement. — *Er geht aus dem Haus.*

Pour dire : « Il sort de la maison » nous allons travailler avec « **aus** » et nous allons utiliser le verbe « **gehen** ». Normalement, on se sert des verbes « gehen », « fahren » et « kommen ».

bei	a) près de (pour une ville)	*Roissy ist bei Paris.* (Roissy est près de Paris)
	b) chez (lorsqu'il n'y a pas de déplacement !)	*Sie wohnt bei einer Freundin.* (Elle habite chez une amie)
	Achtung : « bei » ne s'utilise que lorsque quelqu'un ou quelque chose se trouve à un endroit, et ne se déplace pas !	
mit	avec	*Er kommt mit dem Hund.* (Il vient avec le chien)
nach	a) après	*Ich komme nach der Schule.* (Je viens après l'école)
	b) « vers » (directionnel). Cette préposition s'utilise quand on veut aller dans/vers une ville ou un pays qui n'a pas d'article	*Ich fahre nach Berlin.* (Je vais à Berlin) *Er geht nach Deutschland.* (Il va en Allemagne)
	Achtung : N'oubliez pas que certains pays ont des articles en allemand (die Türkei). Pour ces pays il faut utiliser la préposition « **in** ».	
seit	depuis	*Ich warte seit einer Stunde.* (J'attends depuis une heure)
von	de, de la part de, exprime la provenance	*Er hat eine Karte von Paris.* (Il a une carte de Paris)
zu	a) « vers » (directionnel). Cette préposition s'utilise quand on veut aller quelque part sans rester forcément longtemps. On s'en sert pour la banque, la poste, la gare, etc.	*Ich gehe zu der Post.* (Je vais à la poste)
	Achtung : Si on entre quelque part et on veut rester un bon moment (restaurant, cinéma, etc.), on utilise « **in** ».	
	b) « chez » lorsqu'il y a déplacement	*Sie geht zu einer Freundin.* (Elle va chez une amie)
	Achtung : « **zu** » ne s'utilise que lorsque quelqu'un ou quelque chose se déplace d'un endroit vers un autre !	

ACHTUNG!

Pour certaines prépositions, on utilise fréquemment une contraction :

von dem = **vom** zu dem = **zum** zu der = **zur**.

Aus - bei - mit - nach - seit - von - zu,
veulent un **datif**, et c'est tout !

Übung 1

Trouvez la bonne préposition qui demande un datif et la déclinaison éventuelle :

1. In Paris gibt es viele Touristen __________ Japan und __________ Amerika.
2. Die Touristen gehen __________ d______ Eiffelturm und machen Fotos.
3. Viele deutsche Touristen kommen __________ ihr______ Wagen oder __________ d______ Bus.
4. Die Touristen wohnen in Hotels, aber Mario wohnt __________ ein______ französisch______ Familie.
5. Viele Touristen machen einen Ausflug und fahren __________ Versailles: sie wollen das Schloss __________ Ludwig XIV. besichtigen. *(Louis XIV)*
6. Die Kinder möchten __________ d______ Eltern "Euro Disney" sehen. Es ist __________ Paris.
7. Der Eiffelturm existiert __________ 1889. (existieren *: exister*)
8. Um 23 Uhr kommen die Leute __________ d______ Kinos oder __________ d______ Restaurants.

9. Mario fährt ____________ sein_____ Brieffreund; er wohnt in Paris.

10. Viele Leute kaufen einen kleinen Eiffelturm ____________ Plastik. (das Plastik : *le plastique*)

11. ____________ d_____ Ferien fährt Mario wieder ____________ Deutschland ____________ sein_____ Eltern.

Übung 2

Lisez les phrases suivantes et donnez l'article défini pour les noms en gras.

Exemple : Sie gehen zu ***dem*** *(zum)* ***Eiffelturm****. →* ***der*** *Eiffelturm*

1. Die Japaner kommen aus **dem Louvre**. → ____________
2. Der Bus fährt **zur Sacré Cœur**. → ____________
3. Nach **der Oper** gehen sie in ein Restaurant. → ____________
4. Der Wagen kommt von **den Champs Élysées**. → ____________
5. Die zwei Freunde gehen heute **zum Flohmarkt**. → ____________
6. Von **dem Triumphbogen** kann man den "*Place de la Concorde*" sehen. → ____________
7. Die Touristen kommen aus **der Notre Dame**. → ____________

Les pays

Nous avons déjà parlé à plusieurs reprises des pays. Voici quelques précisions : la plupart des pays n'a pas d'article en allemand : **la** France = Frankreich.

Il y a cependant des exceptions que vous pouvez retrouver dans le tableau ci-dessous.

Si on veut rajouter un adjectif pour qualifier un pays qui n'a pas d'article, - Visitez la **belle** France ! -, on utilise d'office un neutre en allemand :

→ Besuchen Sie **das** schöne Frankreich!

das Land (le pays)	die Hauptstadt (la capitale)	das Adjektiv (l'adjectif)	der Einwohner (l'habitant)
Frankreich (la France)	Paris	französisch	der Franzose die Französin
Deutschland (l'Allemagne)	Berlin	deutsch	der Deutsche die Deutsche
Italien (l'Italie)	Rom	italienisch	der Italiener die Italienerin
Österreich (l'Autriche)	Wien	österreichisch	der Österreicher die Österreicherin
die Schweiz (la Suisse)	Bern	schweizer (inv.)	der Schweizer die Schweizerin
England (l'Angleterre)	London	englisch	der Engländer die Engländerin
Spanien (l'Espagne)	Madrid	spanisch	der Spanier die Spanierin
die Türkei (la Turquie)	Ankara	türkisch	der Türke die Türkin
Amerika (l'Amérique)	Washington	amerikanisch	der Amerikaner die Amerikanerin
Japan (le Japon)	Tokio	japanisch	der Japaner die Japanerin
China (la Chine)	Peking	chinesisch	der Chinese die Chinesin

ACHTUNG!

L'habitant et l'adjectif sont deux éléments complètement différents en allemand ! L'adjectif s'utilise pour la langue (il prend alors une majuscule) ou pour qualifier quelque chose :

Ich kaufe **französischen** Käse. *(J'achète du fromage **français**.)*

Golf ist ein **deutscher** Wagen. *(La Golf est une voiture allemande.)*

Er spricht gut **Englisch**. *(Il parle bien l'anglais.)*

Pour l'habitant, il faut toujours prendre le mot prévu pour chaque cas :

Gérard Depardieu ist ein **Franzose**.

Übung 3

Remplissez les blancs soit par un pays, une capitale, un adjectif ou un habitant.

Exemple : Die Hauptstadt von Italien heißt ____.
→ Die Hauptstadt von Italien heißt ***Rom****.*

1. Peugeot ist eine ________________ Automarke.
(die Automarke : *la marque de voiture)*

2. Eros Ramazotti ist ein ________________ Sänger.
(der Sänger : *le chanteur)*

3. Barcelona ist eine Stadt in ________________.

4. Sissi ist eine ________________ Kaiserin.
(die Kaiserin : *l'impératrice)*

5. Julia Roberts ist eine ________________.

6. Die ________________ Mauer ist sehr groß!
(die Mauer : *le mur, la muraille)*

7. Der ________________ trinkt gern Tee mit Milch.

8. Istanbul ist eine ________________ Stadt.

9. Jean-Jacques Goldmann ist ein ________________ und macht ________________ Musik.

10. Schokolade und Uhren sind Produkte aus ________________. (die Uhr : *l'horloge*, das Produkt : *le produit*)

11. ____________ ist die Hauptstadt von Japan.

Lektion 18

Die Ferien

Les vacances

Ferien – aber wo?

In drei Monaten sind die großen Ferien. Ferien sind toll. Aber jeder hat seine Idee, was er machen möchte. Familie Bauer ist zu Hause und diskutiert.

Herr Bauer: Ihr wisst, dass in drei Monaten die großen Ferien sind. Habt ihr schon eine Idee, was ihr machen wollt?

Ines: Ja. ich will nach Bayern fahren, weil meine Freundin Monika auch nach Bayern fährt. Monika und ihre Familie wollen dort wandern.

Frau Bauer: Bayern ist sehr schön, aber ich kenne Bayern schon. Ich will an die Nordsee fahren. Ich möchte mich erholen!

Dirk: Ach nein. Bayern, Nordsee, so ein Quatsch! Ich will in die Türkei fahren, weil es dort das Meer und den Strand gibt. Und es gibt immer Sonne. Und Mama kann sich auch dort entspannen, weil es tolle Hotels gibt.

Herr Bauer: Wir sind vier Personen. Ich frage mich, ob die Türkei nicht zu teuer ist!

Frau Bauer: Und was machen wir mit Waldi? Ich glaube nicht, dass er allein zu Hause bleiben kann.

Ines: Genau! In Bayern kann sich Waldi austoben. Und ich möchte nicht mit dem Flugzeug fliegen.

Herr Bauer: Mein Chef sagt, dass Österreich auch schön ist. Ihr könnt wandern, ins Schwimmbad gehen und Mama und ich, wir ruhen uns aus.

Frau Bauer: Das ist eine gute Idee, obwohl ich die Nordsee sehen möchte. Die gute Luft, die frischen Fische, das ist sehr gesund. Und ich weiß, dass es auch sehr gute Fahrradwege gibt. Außerdem interessiere ich mich für die Natur.

Dirk: Nein, Mama. Das ist langweilig. Meine Freunde fahren alle ins Ausland. Ich will nicht in Deutschland bleiben.

Herr Bauer: Gut. Du hast dein Taschengeld. Was willst du machen?

Dirk: Ach, Papa. Du weißt, dass ich einen neuen Computer kaufen will. Ich brauche mein Taschengeld.

Ines: Und ich weiß nicht, ob ich nach Österreich fahren will. Meine Freundin Monika fährt nach Bayern.

Herr Bauer: Gut. Dann frag deine Freundin, ob du mit ihrer Familie fahren kannst.

Ines: Nein, das geht nicht. Sie sind schon fünf Personen und ich glaube, dass ihr Wagen voll ist.

Herr Bauer: Also: Bayern nein, weil Mama Bayern schon kennt. Die Türkei nein, weil es zu teuer ist und weil Ines nicht gern fliegt. Österreich nein, weil Mama an die Nordsee fahren möchte. Die Nordsee nein, weil Dirk das zu langweilig findet. So. Jetzt mache ich einen Vorschlag: wir nehmen das große Zelt und fahren zu Oma und Opa. Sie haben einen großen Garten und jeder macht das, was er will. Mama entspannt sich, ich lese meine Bücher, Dirk kann Fahrrad fahren und Ines geht mit Waldi wandern.

P.S. "Waldi" ist ein typischer deutscher Hundename für einem kleinen Hund.

VOKABULAR

- dass : *que (il dit que…)*
- der Monat (-e) : *le mois*
- weil : *parce que*
- an : *(ici) à*
- sich erholen : *se reposer*
- die Sonne : *le soleil*
- ob : *si (je me demande si…)*
- sich aus/toben : *se défouler*
- fliegen : *voler*
- sich aus/ruhen : *se reposer*
- die Luft : *l'air*
- frisch : *frais*
- außerdem : *en outre, en plus*
- die Natur : *la nature*
- das Ausland : *l'étranger (pays)*
- voll : *plein*
- das Zelt (-e) : *la tente*
- was *(au milieu de la phrase)* : *ce que*
- Bayern : *la Bavière*
- wandern : *faire de la randonnée*
- die Nordsee : *la mer du Nord*
- so ein Quatsch! : *n'importe quoi !*
- sich entspannen : *se détendre*
- genau : *exact, exactement*
- das Flugzeug (-e) : *l'avion*
- der Chef (-s) : *le chef*
- obwohl : *bien que*
- der Fisch (-e) : *le poisson*
- gesund sein : *être sain*
- sich interessieren für : *s'intéresser à*
- langweilig : *ennuyeux*
- das Taschengeld : *l'argent de poche*
- die Person (-en) : *la personne*
- der Vorschlag (¨e) : *la proposition*
- jeder : *chacun*
- diskutieren : *discuter*

Les conjonctions de subordination

Comme vous vous rappelez, une des premières règles que nous avons vues était : le verbe conjugué est en deuxième position dans la phrase.

Aujourd'hui, nous allons voir quelques petits mots que l'on appelle : « conjonctions de subordination ». Ces mots « brisent » la règle du verbe en deuxième position.

Après chaque conjonction de subordination, le verbe conjugué est renvoyé **à la fin de la phrase ou de la proposition** !

✓ **Exemple** : parce que (weil)

Il va en ville parce qu'il veut acheter un livre.

→ Er geht in die Stadt, **weil** er ein Buch kaufen **will**.

ACHTUNG!

Si la conjonction de subordination est au milieu de la phrase, elle est précédée d'une virgule : Er geht in die Stadt, weil er ein Buch kaufen will.
Si la phrase commence par une conjonction de subordination, la deuxième partie de la phrase commence par le verbe (inversion) !

Exemple : Weil er ein Buch kaufen **will, geht** er in die Stadt.

Les principales conjonctions de subordination sont :

dass : (que) S'utilise comme affirmatif.
✓ **Exemple** : Il dit qu'il veut acheter un ordinateur.
→ Er sagt, dass er einen Computer kaufen will.

Weil : (parce que) S'utilise pour expliquer quelque chose.
✓ **Exemple** : Il ne vient pas parce qu'il est malade.
→ Er kommt nicht, weil er krank ist.

Ob : (si) S'utilise quand on se pose une question, quand on n'est pas sûr de quelque chose.
✓ **Exemple** : Il ne sait pas s'il va au cinéma ce soir.
→ Er weiß nicht, ob er heute Abend ins Kino geht.

obwohl : (bien que)
✓ **Exemple** : Il va en Suisse, bien qu'il veuille aller en Italie.
→ Er fährt in die Schweiz, obwohl er nach Italien fahren möchte.

N.B. Le petit mot « **was** » (ce que) suit la même règle et renvoie le verbe à la fin.
✓ **Exemple** : Il ne sait pas **ce qu**'il veut faire demain.
→ Er weiß nicht, **was** er morgen machen **will**.

Übung 1

Trouvez la bonne conjonction de subordination et conjuguez le verbe entre parenthèses.

ob - ob - dass - dass - weil - weil - obwohl - obwohl

Exemple : Sie sagt, ____ sie eine gute Note (haben).

→ Sie sagt, ***dass*** *sie seine gute Note* ***hat****.*

1. Die Kinder fragen die Eltern, ... sie für die Ferien in die Türkei (fahren).

2. Meine Oma sagt, ... unser Hund nicht im Hotel bleiben (dürfen).

3. .... er nach Spanien fährt, (nehmen) er nicht das Flugzeug.

4. Die Familie kauft ein großes Zelt, ... sie Camping machen (wollen).

5. Paul weiß nicht, ... Wien die Hauptstadt von Österreich (sein).

6. Simone darf nicht nach Paris fahren, ... sie eine schlechte Note (haben).

7. Ich frage meine Mutter, ... wir am Sonntag wandern (gehen).

8. Mario macht einen Ausflug nach Bayern, ... er keinen Wagen (haben).

Les verbes pronominaux / réfléchis

Certains verbes en français nécessitent un pronom pour la conjugaison : **se** reposer (je **me** repose, etc.). Ces verbes existent aussi en allemand.

✓ **Exemple** : Se reposer = **sich** erholen.

Nous vous donnons ici un tableau pour la bonne conjugaison du pronom réfléchi :

ich	erhole	mich
du	erholst	dich
er	erholt	sich
wir	erholen	uns
ihr	erholt	euch
sie	erholen	sich
Sie	erholen	sich

ACHTUNG!

Faites attention avec les verbes à particule séparable ! Lorsqu'il s'agit d'un verbe à particule séparable, celle-ci se trouve toujours à la fin de la phrase ou de la proposition : sich aus/ruhen → ich ruhe mich **aus**.

*Lorsqu'il s'agit d'un verbe renvoyé à la fin à cause d'une conjonction de subordination, il restera **intact** !* Er kommt nicht, weil er sich **ausruht**.

Übung 2

Conjuguez le verbe entre parenthèses.

Exemple : Er (sich erholen) am Sonntag.
→ Er ***erholt sich*** *am Sonntag.*

1. Sie (sich interessieren) für italienische Musik.
2. Die Kinder wollen (sich entspannen) mit ihren Eltern.
3. Ich gehe morgen nicht in die Schule, weil ich (sich ausruhen) zu Hause.
4. Wir (sich fragen), ob das Flugzeug um 14 Uhr nach Japan fliegt.
5. Unser Lehrer sagt, dass er (sich erholen) in Italien.

Pause

Wo verbringen sie ihre Ferien? - Où passent-ils leurs vacances ?
Essayez de trouver où les gens passent leurs vacances !

1	Dirk möchte Paella essen und Sangria trinken	a	Bayern
2	Familie Neubauer will mit den Kindern wandern und die Berge sehen	b	Italien
3	Klaus besucht seinen Freund in München	c	Österreich
4	Alex interessiert sich für die Große Mauer	d	Spanien

5	Karin will in Cannes und in Nizza einkaufen	e	China
6	Frau Bach möchte ein Foto von dem Buckingham Palast machen	f	die Türkei
7	Herr Klein nimmt seinen Wagen und fährt nach Zürich und nach Genf	g	die Schweiz
8	Katja und Ingo möchten Hollywood besichtigen	h	Frankreich
9	Mehmet Ötztürk möchte seine Familie besuchen	i	England
10	Familie Lorenz will ein Foto von dem schiefen Turm	j	Amerika

der Berg (-e) : *la montagne*
der Palast (¨e) : *le palais*
schief : *penché, incliné*

Révision

Cette leçon est une leçon de révision. Nous allons revoir ici tout ce que nous avons vu dans les cinq dernières leçons.

Les déclinaisons : le datif

Le datif correspond au COI (complément d'objet indirect). On peut dire qu'il s'utilise lorsqu'il y a un « à » devant une personne. Le « à » s'enlève, et la personne est au datif :

✓ **Exemple** : Il donne le lait à la mère. → Er gibt **der** Mutter die Milch.

On utilise le datif aussi après certaines prépositions, comme « **mit** » (avec).

✓ **Exemple** : → Ich komme mit **dem** Hund.

La structure de la phrase

Les phrases en allemand ne se construisent pas toujours comme en français. Voici un petit « truc » qui peut vous servir d'aide-mémoire pour la construction de votre phrase en allemand :

SUJET – V2 – TEMPS – PERSONNES – reste

✓ **Exemple** : Er geht – morgen – mit seinem Freund – ins Restaurant.

Les verbes à particules séparables

Certains verbes ont une « particule » qu'il faut couper lorsqu'on conjugue le verbe et mettre à la fin de la phrase :

✓ **Exemple** : aus/machen (éteindre).
Elle éteint la radio. → Sie macht das Radio **aus**.

Cela ne s'applique pas lorsque le verbe est à l'infinitif, après un verbe de modalité par exemple :

✓ **Exemple** : Il voudrait éteindre la radio.
→ Er möchte das Radio **ausmachen**.

Les adjectifs

On distingue entre deux genres d'adjectifs : les attributs et les épithètes. Les adjectifs attributs sont **invariables** en allemand ! Ils ne changent pas.

✓ **Exemple** : La femme est petite. → Die Frau ist **klein**.

En revanche, les adjectifs épithètes, se déclinent **toujours** !

✓ **Exemple** : La petite femme → Die klein**e** Frau

Les adjectifs épithètes sont toujours placés **avant** le nom :

✓ **Exemple** : une voiture bleue → ein blauer Wagen

Pour la bonne déclinaison, voir leçon 15.

La négation

Il y a deux négations en allemand.

1. Celle pour l'article indéfini : « kein ». C'est la plus facile. Il suffit de prendre la phrase affirmative et placer un « **k** » devant l'article indéfini :

✓ **Exemple** : Ich habe ein Radio. → Ich habe **k**ein Radio.

2. Pour le reste, il y a la négation « **nicht** ». Le « **nicht** » veut être le dernier élément dans la phrase.

✓ **Exemple** : Ich lese das Buch **nicht**.

Malheureusement, il y a des exceptions ! « **Nicht** » ne peut pas se placer après les éléments suivants :

- une préposition :

✓ **Exemple** : Er geht ins Kino. → Er geht **nicht** ins Kino.

- un adjectif attribut :

✓ **Exemple** : Der Pulli ist blau. → Der Pulli ist **nicht** blau.

- un infinitif :

✓ **Exemple** : Wir möchten das Buch kaufen.
→ Wir möchten das Buch **nicht** kaufen.

- une particule d'un verbe :

✓ **Exemple** : Sie macht das Radio an. → Sie macht das Radio **nicht** an.

Les prépositions suivies de l'accusatif

Après certains mots, il faut un accusatif en allemand. Ces mots s'appellent des prépositions.

durch : à travers, traverser, par intermédiaire de	Sie gehen durch die Stadt.
für : pour (sauf « pour + infinitif », voir leçon 12)	Das Buch ist für den Vater.
gegen : contre, contre + choc	Er ist gegen die Idee. / Er fällt gegen die Mauer.
ohne : sans	Sie kommt ohne ihren Freund.
um : autour de, faire le tour / « à » pour l'heure pile	Wir gehen um das Haus.

L'impératif

Il y a trois impératifs en allemand.

1. On s'adresse à une personne que l'on tutoie : on se base sur la deuxième personne du singulier et on coupe la terminaison « **-st** » :
   ✓ **Exemple** : Du gibst das Buch → Gib das Buch!
2. On s'adresse à plusieurs personnes que l'on tutoie : on prend la deuxième personne du pluriel :
   ✓ **Exemple** : Gebt das Buch!
3. On s'adresse à une ou plusieurs personnes que l'on vouvoie : on prend la forme de politesse en rajoutant « **Sie** » :
   ✓ **Exemple** : Geben Sie das Buch!

Les prépositions suivies du datif

Comme nous avons vu pour l'accusatif, il y a aussi un groupe de mots qui nécessitent un datif. Les voici :

aus :	a) origine, b) en matière de, c) notion de sortir	Sie gehen aus der Schule.
bei :	a) près de (pour une ville), b) chez (quand on y est)	Er bleibt bei seinem Vater.
mit :	avec	Er kommt mit dem Hund.
nach :	a) après, b) vers (pour une ville ou un pays **sans** article)	Sie fahren nach Italien.
seit :	depuis	Er liest seit einer Stunde.
von :	de, de la part de, provenance	Das Buch ist von Klaus.

zu : a) vers (quand on n'y reste pas longtemps),
b) chez (quand on y va) Er geht zu dem Freund.

N.B. Pour certaines prépositions, on utilise fréquemment une contraction : von dem = vom

Les pays

La plupart des pays n'ont pas d'article en allemand. Il y a toutefois certaines exceptions : **die** Schweiz ; **die** Türkei.

Les conjonctions de subordination

Il y a certains éléments en allemand qui renvoient le verbe conjugué à la fin de la phrase ou de la proposition. On les appelle les « subordonnées ». En voici les quatre les plus utilisées :

dass	affirme (que)	Sie sagt, dass sie nicht kommt.
weil	explique (parce que)	Sie kommt nicht, weil sie krank ist.
ob	le doute, se poser une question (si)	Sie weiß nicht, ob sie kommt.
obwohl	bien que	Sie kommt, obwohl sie krank ist.

Les verbes pronominaux

Certains verbes nécessitent un pronom : **se** détendre. En allemand, cela existe aussi : **sich** entspannen.

Ils se déclinent comme tous les verbes, mais il ne faut pas oublier le pronom !

ich entspanne **mich** / du entspannst **dich** / er entspannt **sich** /
wir entspannen **uns** / ihr entspannt **euch** / sie entspannen **sich**

Pour les verbes à particule, celle-ci se trouve toujours à la fin de la phrase ou de la proposition :

✓ **Exemple** : sich aus/ruhen → ich ruhe mich **aus**.

S'il s'agit d'un verbe renvoyé à la fin à cause d'une subordonnée, il restera **intact** !

✓ **Exemple** : Er kommt nicht, weil er sich **ausruht**.

Im Zoo

Au zoo

Ausflug mit der Schule

Die Kinder von der Klasse 3b besichtigen heute den Zoo. Ihre Lehrerin, Frau Kuhn, begleitet sie.

Frau Kuhn:	Kommt Kinder, hier ist der Eingang. Wo ist Florian?
Andy:	Florian kommt gerade aus dem Bus. Er ist der Letzte. Er ist faul!
Florian:	Lass mich in Ruhe. Ich bin müde. Im Frühling bin ich immer müde.
Frau Kuhn:	Beeilt euch! Zuerst gehen wir zur Kasse.
Kasse:	Guten Morgen. Was möchten Sie?
Frau Kuhn:	Guten Morgen. Geben Sie mir bitte 16 Karten für meine Schüler und eine Karte für mich.
Kasse:	Bitte sehr. Ich gebe Ihnen auch einen Plan von dem Zoo.
Frau Kuhn:	So, Kinder. Was wollt ihr zuerst sehen?
Dirk:	Die Löwen! Ich will sie fotografieren.
Frau Kuhn:	Alle einverstanden?
Schüler:	Ja, die Löwen!!!
Frau Kuhn:	Gut. Die Löwen sind hier rechts. Wer von euch weiß, woher die Löwen kommen?
Susi:	Aus Asien.
Andy:	Quatsch! Sie kommen aus Afrika. Schaut mal, der große Löwe schläft. Seht ihr ihn?
Dirk:	Ja, er ist so faul wie Florian.
Florian:	Ich bin nicht faul! Ich bin nur müde.
Dirk:	Bist du auch im Sommer müde?
Frau Kuhn:	Lass Florian in Ruhe! Links von den Löwen gibt es die Tiger. Woher kommen die Tiger?

Michael: Aus Afrika.
Frau Kuhn: Nein. In Afrika gibt es keine Tiger. Die Tiger kommen aus Asien.
Susi: Ich glaube, der Tiger beobachtet uns. Zum Glück gibt es einen Käfig.
Andy: Die Löwen und die Tiger sind langweilig. Sie machen nichts. Sie schlafen nur.
Susi: Möchtest du mit ihnen spielen?
Andy: Ha ha! Wir können zu den Affen gehen. Die sind lustiger!
Britta: Oh ja. Wo sind sie?
Frau Kuhn: Warte Britta. Ich gebe dir den Plan.
Britta: Die Affen sind immer geradeaus.
Ralf: Frau Kuhn! Ich glaube, der kleine Affe hat Hunger. Darf ich ihm meine Banane geben?
Frau Kuhn: Nein. Siehst du nicht das Schild? Es ist verboten.
Andy: Seht mal. Da ist ein kleiner See. Was gibt es dort?
Frau Kuhn: Dort sind die Seehunde. Wollt ihr sie sehen?
Susi: Ja. Seehunde sind süß. Sie spielen immer. Sehen Sie mal Frau Kuhn, der Wärter gibt ihnen gerade Fisch.
Britta: Igitt! Dort ist ein hässliches Tier. Es ist ein Krokodil. Seht ihr es? Es versteckt sich.
Dirk: Vielleicht hat es Angst?
Andy: Krokodile haben keine Angst. Krokodile fressen alles, aber niemand frisst sie. Sie sind gefährlich.
Dirk: Und faul. Wie Florian.
Florian: Ich bin nicht faul. Ich bin müde.
Ralf: Was sehen wir jetzt? Die Giraffen mit dem langen Hals, oder die Elefanten?
Susi: Die Elefanten. Sie haben so eine lange Nase!
Andy: Du bist dumm! Das ist der Rüssel. Der Elefant nimmt das Essen mit dem Rüssel und er trinkt mit ihm.
Frau Kuhn: Kinder, wir müssen jetzt nach Hause gehen. Der Bus wartet. Wir gehen zum Ausgang.
Brita: Aber ich möchte noch die Bären sehen.
Dirk: Ach, die Bären. Sie machen auch nichts. Sie sind auch faul.
Ralf: Sind denn alle Tiere hier faul?
Frau Kuhn: Das ist ein Zoo. Was sollen die Tiere machen? Die Menschen kommen und beobachten sie.
Andy: Aber vielleicht beobachten die Tiere die Menschen?

VOKABULAR

der Eingang (¨e) : *l'entrée*
der Letzte (-n) : *le dernier*
lass mich in Ruhe! : *laisse-moi tranquille !*
der Sommer : *l'été*
die Kasse (-n) : *la caisse*
der Bär (-en) : *l'ours*
fotografieren : *fotographier*
woher : *d'où*
Afrika : *l'Afrique*
fressen *(irr.)*: *« manger » pour les animaux*: ich fresse, du frisst, er frisst
der Käfig (-e) : *la cage*
der Affe (-n) : *le singe*
geradeaus : *tout droit*
verboten : *interdit*
der Seehund (-e) : *le phoque*
der Wärter (-) : *le gardien*
die Angst (¨e) : *la peur*
niemand : *personne*
lang : *long*
die Giraffe (-n) : *la girafe*
der Rüssel (-) : *la trompe*
der Ausflug (¨e) : *l'excursion*
gerade : *à l'instant*
faul : *paresseux*
müde : *fatigué*
der Frühling : *le printemps*
sich beeilen : *se dépêcher*
der Zoo (-s) : *le zoo*
der Löwe (-n) : *le lion*
einverstanden : *d'accord*
Asien : *l'Asie*
schlafen *(irr.)*: *dormir*: ich schlafe, du schläfst, er schläft
beobachten : *observer*
zum Glück! : *heureusement !*
Hunger haben : *avoir faim*
lustig : *marrant, rigolo*
das Schild (-er) : *le panneau*
der See (-n) : *le lac*
süß : *mignon*
sich verstecken : *se cacher*
der Tiger (-) : *le tigre*
gefährlich : *dangereux*
der Hals (¨e) : *le cou, la gorge*
der Elefant (-en) : *l'éléphant*
der Ausgang (¨e) : *la sortie*
begleiten : *accompagner*

Les pronoms personnels

Bien sûr, vous connaissez déjà les pronoms personnels (je, tu, il, etc.). Mais saviez-vous que ces pronoms se déclinent aussi ? D'abord, il faut savoir s'il s'agit d'un accusatif ou d'un datif. Ensuite, il faut choisir le pronom qui convient dans notre liste.

✓ **Exemple** : Le livre est pour moi.

« Pour » en allemand est toujours suivi d'un accusatif : « **für** ».

Le pronom personnel pour la première personne du singulier, accusatif, est « **mich** ».

→ Das Buch ist für **mich**.

✓ **Un autre exemple** : Il lui donne le livre (il donne le livre à son père).
Ici, nous avons un datif, à cause du « à » (COI). Le pronom personnel, troisième personne du singulier datif est « **ihm** ».
→ Er gibt **ihm** das Buch.

nominatif	accusatif	datif
ich	mich	mir
du	dich	dir
er	ihn	ihm
sie	sie	ihr
es	es	ihm
wir	uns	uns
ihr	euch	euch
sie	sie	ihnen
Sie	Sie	Ihnen

Übung 1

Remplacez l'élément en gras par un pronom personnel.

Exemple : Er fragt ***die Frau****: "Wo sind die Löwen?"*
→ Er fragt ***sie****: "Wo sind die Löwen?"*

1. Die Lehrerin gibt **den Kindern** einen Plan von dem Zoo.

2. Dirk sieht **den Seehund**.

3. Möchtest du mit **dem Tiger** spielen?

4. Der Wärter gibt **der Giraffe** frisches Gras. (das Gras : *l'herbe*)

5. Ich kann **die Affen** sehen!

6. **Das Krokodil** versteckt sich.

Übung 2

Traduisez les phrases suivantes :

1. Le phoque est marrant. Je voudrais nager avec lui.

   ....

2. Peux-tu nous photographier avec les singes ?

   ....

3. Je viens avec vous et nous visitons le zoo.

   ....

4. Où est le crocodile ? Nous ne pouvons pas le voir !

   ....

5. Paul te donne le plan du zoo.

   ....

Les mois et les saisons

Januar | Februar | März

April | Mai | Juni

Juli | August | September

Oktober | November | Dezember

Alors, avez-vous reconnu les mois ? Ce n'était pas trop difficile !

Im März, im April und im Mai ist es **Frühling**.
Im Juni, im Juli und im August ist es **Sommer**.
Im September, im Oktober und im November ist es **Herbst**.
Im Dezember, im Januar und im Februar ist es **Winter**.

ACHTUNG!

Le « en » devant les mois et les saisons se traduit en allemand par **im**.
Exemple : en janvier → **im** Januar *en été* → **im** Sommer.

Pause

Was macht ihr wann? - Que faites-vous quand ?
Wann ist was? - Quand a lieu quoi ?
Rangez les éléments ci-dessous dans les cases correspondantes du tableau page suivante.

- Ski fahren *(faire du ski)*
- die großen Ferien *(les grandes vacances)*
- Weihnachten *(Noël)*
- Ostern *(Pâques)*
- Schulbeginn *(la rentrée)*
- ~~ans Meer fahren~~ *(aller à la mer)*
- dein Geburtstag *(ton anniversaire)*
- Erdbeeren essen *(manger des fraises)*
- die Weinlese *(les vendanges)*
- Nüsse knacken *(casser des noix)*
- auf dem [am] Strand spielen *(jouer sur la plage)*
- Minus drei Grad Celsius *(-3° Celsius)*
- Die ersten Blumen *(les premières fleurs)*

im Frühling	im Sommer
	ans Meer fahren
im Herbst	**im Winter**

Lektion 21

Die Wohnung

L'appartement

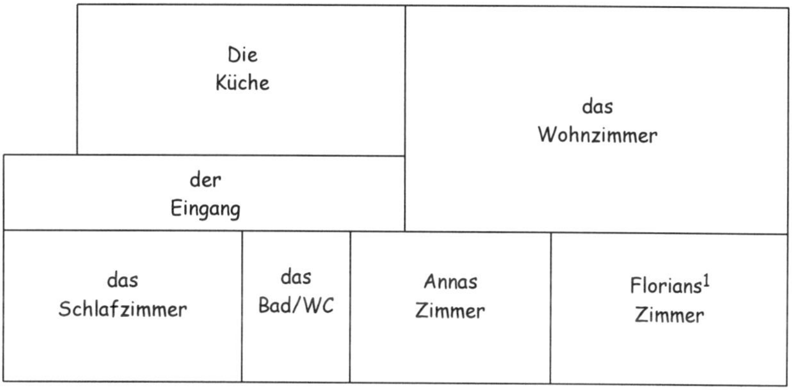

Meine Wohnung

Hallo. Ich bin Florian. Heute möchte ich euch meine Wohnung zeigen. Hier ist die Tür. Wir gehen in die Wohnung. Jetzt sind wir im Eingang. Im Eingang sind die Garderobe und der Schuhschrank. Links ist die Küche. In der Küche steht ein großer Tisch mit vier Stühlen. Der Kühlschrank steht neben der Tür. Wir gehen jetzt ins Wohnzimmer.

Im Wohnzimmer ist ein Schrank. Vor dem Schrank liegt Mieze, die Katze. In der Mitte steht auch ein Tisch. Auf dem Tisch liegen Fotos von den Ferien. Ich lege sie auf den Schrank. Plötzlich springt Mieze auf den Tisch! Mieze,

1. « Florians Zimmer » se traduit par : la chambre de Florian (complément du nom). Il s'agit du « génitif saxon ». Nous allons le voir en détail dans la leçon suivante.

das ist verboten! An der Wand steht ein Sofa und neben dem Sofa sind zwei Sessel. Auf dem Sofa sitzt Ralf, mein kleiner Bruder. Er setzt sich immer auf das Sofa im Wohnzimmer. Natürlich haben wir auch einen Fernseher. Er steht auf einer Kommode.
Rechts ist mein Zimmer. In meinem Zimmer habe ich ein Bett. Morgen stelle ich einen Schreibtisch neben mein Bett. Und wer liegt in meinem Bett? Meine Schwester Anna!
In Annas Zimmer steht ein schöner Sessel. Hinter dem Sessel liegt Annas Puppe. Zwischen dem Zimmer von meiner Schwester und dem Zimmer von meinen Eltern ist das Bad mit der Toilette.
Und dann gehen wir in Mamas und Papas Schlafzimmer. Das Zimmer ist sehr schön und meine Eltern haben ein großes Fenster.
Wir sind vier Personen in der Familie. Über unserer Wohnung wohnt eine Familie mit drei Kindern. Und unter uns wohnt ein alter Mann. Wir haben auch einen Hund und eine Katze. Aber wo ist der Hund? Er liegt unter meinem Bett. Er geht gern unter mein Bett: dort versteckt er sich, um zu schlafen!

die Wohnung (-en) : *l'appartement*
die Garderobe (-n) : *la garde-robe*
liegen : *être couché, se dit pour tout ce qui se trouve à l'horizontale*
die Küche (-n) : *la cuisine*
der Kühlschrank (¨e) : *le réfrigérateur*
die Mitte : *le milieu*
springen : *sauter*
das Sofa (-s) : *le sofa, le canapé*
der Fernseher (-) : *le téléviseur (la télé)*
die Kommode (-n) : *la commode*
das Bett (-en) : *le lit*
der Schreibtisch (-e) : *le bureau (meuble)*
sitzen : *être assis*
ich sitze : *je suis assis*
die Toilette (-n) : *la toilette*
das Schlafzimmer (-) : *la chambre à coucher*
zeigen : *montrer*
der Schuhschrank (¨e) : *l'armoire à chaussures*
stehen : *être debout ; tout ce qui se trouve à la verticale*
der Stuhl (¨e) : *la chaise*
das Wohnzimmer (-) : *le salon*
legen : *poser (à plat, à l'horizontale)*
der Schrank (¨e) : *le placard*
plötzlich : *soudain, tout à coup*
die Wand (¨e) : *le mur*
der Sessel (-) : *le fauteuil*
das Zimmer (-) : *la chambre, la pièce*
stellen : *mettre (debout)*
das Bad (¨er) : *le bain, la salle de bain*
das Fenster (-) : *la fenêtre*
sich setzen : *s'asseoir*

Les prépositions « mixtes »

Après avoir vu les prépositions qui nécessitent soit un accusatif soit un datif, voici un groupe de prépositions un peu particulières. On les appelle les prépositions « mixtes » parce qu'elles peuvent être suivies **ou** par un accusatif **ou** par un datif.

La seule question qu'il faut se poser : est-ce que l'élément en question se trouve à une place (statique, passif) ou est-ce qu'il se déplace vers un autre point (pas statique, actif) ?

✓ **Exemple** : Il est dans la cuisine. (il y est, statique → passif)
Il va dans la cuisine. (il n'y est pas encore, il s'y rend → actif)

Lorsqu'il s'agit d'un déplacement, la préposition nécessite un ACCUSATIF.

✓ **Exemple** : Il va dans la cuisine → Er geht in **die** Küche.

Petit « truc » pour se rappeler :
accusatif = ac/tif
Ça sonne pareil, non ?

Lorsqu'il s'agit d'un état statique, on y est déjà, la préposition nécessite un DATIF.

✓ **Exemple** : Il est dans la cuisine → Er ist in **der** Küche.

Petit « truc » pour se rappeler :
da**t**if = sta**t**ique

ACHTUNG!

*Même avec la négation : « Il **ne** va **pas** dans la cuisine », il faut un accusatif. C'est le verbe qui gouverne la phrase !*

Voici les neuf prépositions « mixtes » :

Préposition	Traduction, sens, exemples	Particularités, exceptions
in	dans, dedans, à l'intérieur de *Sie gehen ins Kino.* (Ils vont au cinéma.) *Sie sind im Kino.* (Ils sont au cinéma.)	im Sommer, im April Pour les mois et les saisons
auf	sur, dessus (avec contact) *Er legt die Fotos auf den Tisch.* (Il pose les photos sur la table.) *Die Fotos liegen auf dem Tisch.* (Les photos sont sur la table.)	auf Deutsch, auf Englisch S'utilise pour les langues : en allemand
unter	sous, dessous, au-dessous *Der Hund geht unter das Bett.* (Le chien va sous le lit.) *Der Hund schläft unter dem Bett.* (Le chien dort sous le lit.)	
über	au-dessus (sans contact) *Der Hubschrauber fliegt über die Stadt.* (L'hélicoptère survole la ville.) *Der Hubschrauber fliegt über der Stadt.* (L'hélicoptère vole au-dessus de la ville.)	Peut se traduire par « au sujet de » Dans ce cas, il faut un accusatif : Er spricht über ein Buch. S'utilise également pour dire « traverser » la rue, la place : Sie geht über die Straße.
neben	à côté de *Der Stuhl steht neben dem Schrank.* (La chaise est à côté de l'armoire.) *Er stellt den Stuhl neben den Schrank.* (Il pose la chaise à côté de l'armoire.)	« **neben** » ne s'utilise que lorsqu'on peut voir l'élément en entier : un placard, une maison, etc. Mais **pas** pour quelque chose qui est trop grand : la mer, la ville, etc.

vor	devant, avant *Der Sessel steht vor dem Tisch.* (Le fauteuil est devant la table.) *Ich stelle den Sessel vor den Tisch.* (Je mets le fauteuil devant la table.)	« **vor** » peut se traduire aussi par « il y a » quand il s'agit du temps. Exemple : Il y a un mois = Vor einem Monat
hinter	derrière *Die Katze springt hinter das Sofa.* (Le chat saute derrière le canapé.) *Die Katze liegt hinter dem Sofa.* (Le chat est couché derrière le canapé.)	
an	rapprochement maximum *Er stellt den Stuhl an die Wand.* (Il met la chaise contre le mur.) *Der Stuhl steht an der Wand.* (La chaise est contre le mur.)	Cette notion de « rapprochement » est assez particulière. On utilise « **an** » quand on veut dire : « Je m'appuie contre le mur ». Ici, on n'utilise pas « **gegen** » (voir leçon 16), mais la notion du rapprochement. On ne peut pas aller plus loin que le mur !
zwischen	entre *Ich stelle den Tisch zwischen die Stühle.* (Je mets la table entre les chaises.) *Der Tisch steht zwischen den Stühlen.* (La table est entre les chaises.)	

Übung 1

Trouvez la bonne préposition et déclinez. Parfois, plusieurs prépositions sont possibles !

Exemple : Der Kühlschrank steht __________ d__ Tür.
*→ Der Kühlschrank steht **neben / an der** Tür.*

N'oubliez pas de donner des contractions à chaque fois que c'est possible (in dem → **im**).

1. Der Schuhsschrank steht ____________ d______ Eingang.
2. Der Hund geht ____________ d______ Bett, um sich zu verstecken.
3. Er stellt den Tisch ____________ d______ Wand.
4. Das Brot liegt ____________ d______ Tisch.
5. Die Katze versteckt sich ____________ d______ Sofa.
6. Wir gehen ____________ d______ Bad, um uns zu waschen.
7. Das Flugzeug fliegt ____________ unser______ Haus.
8. Jean-Luc wartet ____________ d______ Eiffelturm.
9. Die Kinder sitzen ____________ d______ Fernseher und sehen Mickey Maus.
10. "Ich sitze ____________ zwei Stühlen" meint auf Deutsch, dass ich nicht sicher bin.
11. Sie legt ihre Puppe ____________ ein______ Sessel.

Übung 2

Trouvez le verbe qui convient !

liegen (être posé à plat, à l'horizontale) - stehen (être debout, à la verticale) - legen (poser à plat, à l'horizontale) - stellen (mettre debout, à la verticale) - sitzen (être assis) - sich setzen (s'asseoir)

1. Ich ………………………… den Stuhl in die Küche.

2. Die Kinder ………………………… sich ins Bett und schlafen.

3. Meine Oma ………………………… auf ihrem Sessel und liest ein Buch.

4. Unser Computer ………………………… im Wohnzimmer.

5. Der Pulli ………………………… auf deinem Bett.

6. Papa ………………………… auf den Stuhl in der Küche und trinkt einen Kaffee.

Pause

L'allemand utilise beaucoup de mots composés. Nous en avons déjà vu plusieurs. Voyons ce qu'on peut trouver dans un appartement ou une maison. D'après l'exemple « **Wohn-/zimmer** » = « pièce où l'on habite » (le salon), trouvez les autres mots composés et indiquez leur genre.

Kinder-	tisch
Eingangs-	zimmer
Gäste-	haus
Wohnzimmer-	hütte
Arbeits-	zimmer
Garten-	schrank
Hunde-	zimmer
Ess-	tür

Mini Vokabular

der Gast (¨e) : *l'invité*
die Arbeit : *le travail*
die Hütte (-n) : *la cabane, la niche*

Ein Familienfest

Une fête de famille

Sabrina Höller
Blumenstraße 13
70523 Stuttgart

den 25. Mai 2004

Liebe Bettina!

Wie geht es dir? Mir geht es sehr gut. Am Samstag gibt es ein großes Fest: die Hochzeit meiner Schwester Monika. Sie heiratet den Bruder ihrer Freundin Katja. Katjas Bruder ist süß! Er heißt Arno, ist 24 und hat schwarze Haare und blaue Augen. Ich bin froh für meine Schwester. Und ich werde einen Schwager haben!

Die ganze Familie wird kommen. Onkel Alfred, Mamas Bruder, kommt extra von Hamburg. Tante Klara, Papas Schwester, wird mit ihrem Mann und ihren zwei Kindern kommen. Die Tochter meiner Tante heißt Iris. Sie ist meine Cousine. Sie ist sehr nett und wir lachen viel zusammen. Thomas, der Sohn meiner Tante, ist mein Cousin. Er ist blöd. Er spricht nur von Rennwagen. Sogar meine Großeltern kommen. Sie sind Mamas Eltern. Oma und Opa bringen mir immer ein Geschenk. Sie lieben ihre Enkel. Papas Mutter, Oma Trude, ist sehr krank. Sie wird leider in München bleiben. Die Kirche der Stadt wird sicher voll sein.

Monikas Freundinnen breiten eine Überraschung vor. Sie wollen Monikas Auto anmalen. Es soll ganz rosa sein. Aber Monika und Arno wissen es noch nicht. Sie werden sicher erstaunt sein! Nach der Kirche werden wir in ein großes Restaurant gehen. Es wird bestimmt ein tolles Essen geben. Am Abend gehen wir in den großen Saal des Kulturzentrums. Wir werden tanzen. Vielleicht wird auch Erik kommen... Er ist der Freund meines Bruders. Ich mag ihn sehr. Aber es ist die Hochzeit meiner Schwester, nicht meine! Das wird noch dauern...

Alles Liebe aus Stuttgart von deiner Freundin,

Deine Sabrina

VOKABULAR

lieb : *cher, gentil*
das Fest (-e) : *la fête*
heiraten : *épouser*
das Auge (-n) : *l'œil*
der Schwager (¨) : *le beau-frère*
extra : *exprès*
die Cousine (-n) : *la cousine*
lachen : *rire*
der Rennwagen (-) : *la voiture de course*
lieben : *aimer*
die Enkelin (-nen) : *la petite-fille*
die Überraschung (-en) : *la surprise*
erstaunt sein : *être étonné*
der Saal (¨e) : *la salle*
dauern : *durer*
an/malen : *peindre*
das Kurlturzentrum : *genre de salle polyvalente*
Wie geht es dir? : *Comment vas-tu ?*
die Hochzeit (-en) : *le mariage*
das Haar (-e) : *le cheveu*
froh : *content*
ganz : *tout*
die Tochter (¨) : *la fille (des parents)*
der Cousin (-s) : *le cousin*
blöd : *bête, stupide*
sogar : *même*
die Großeltern : *les grands-parents*
der Enkel (-) : *le petit-fils*
vor/bereiten : *préparer*
bestimmt : *certainement*

Le génitif

Le dernier cas qu'il nous manque (après le nominatif, l'accusatif et le datif) est le génitif.

Le génitif correspond au « complément de nom » (la voiture **de ma mère**). En allemand, il existe deux génitifs. Le génitif saxon et le génitif « normal ».

1. Le génitif saxon :

Comme on peut se douter, il ressemble à l'anglais et fonctionne de la même façon.

✓ **Exemple** : La voiture de Pierre est rouge. → Peter's car is red.

En allemand, c'est tout à fait la même chose, sauf qu'il n'y a pas d'apostrophe.

L'article défini disparaît, on rajoute un « **-s** » au nom propre que l'on place devant l'objet en question : → Peters Wagen ist rot.

C'est un génitif très facile. Malheureusement, il est utilisé uniquement avec de noms propres (sans articles). On peut l'utiliser aussi pour « Mama », « Papa », « Oma » et « Opa ».

→ Mamas Wagen ist rot. / Opas Wohnung ist klein.

ACHTUNG!

Il se peut qu'un nom propre se termine en -s. Dans ce cas, on ne rajoute pas un -s supplémentaire mais, pour montrer la marque du génitif, on met un apostrophe.

Exemple : La voiture de Thomas. → Thomas' Wagen.

2. Le génitif « normal » :

Pour ce génitif, nous allons vous donner un tableau :

	déterminant	nom
masculin	-es	-s
féminin	-er	rien
neutre	-es	-s
pluriel	-er	rien

✓ Un exemple pour comprendre ce tableau :

Je vois la voiture **de mon professeur**.

→ « de mon professeur » est le complément du nom. Donc, nous avons un masculin (**der** Lehrer). Le déterminant au génitif (ici : l'article indéfini) se termine en « -es ».

→ Ich sehe den Wagen mein**es** Lehrer**s**.

Si c'était un féminin : C'est le mariage **de la sœur**.

Dans ce cas, le déterminant est en « **-er** », mais le nom ne prend pas de marque.

→ Es ist die Hochzeit **der** Schwester.

Pour ce génitif « normal », nous gardons donc le même ordre des mots qu'en français.

ACHTUNG!

Il peut arriver qu'un nom se termine par une lettre où la prononciation devient difficile si on rajoute juste un -s. Dans ce cas, on peut rajouter -es.

Exemple : Le livre de l'enfant → Das Buch des Kindes.

Voici un tableau qui regroupe toutes les déclinaisons possibles :

Les constructions avec l'article défini :

	masculin	**féminin**	**neutre**	**pluriel**
nominatif	der klein**e** Tisch	die alt**e** Schule	das rot**e** Haus	die neu**en** Lehrer
accusatif	den klein**en** Tisch	die alt**e** Schule	das rot**e** Haus	die neu**en** Lehrer
datif	dem klein**en** Tisch	der alt**en** Schule	dem rot**en** Haus	den neu**en** Lehrer**n**
génitif	des klein**en** Tisches	der alt**en** Schule	des rot**en** Hauses	der neu**en** Lehrer

Les constructions sans déterminant : article partitif
(du, de la, des → Il boit du jus frais : Er trinkt frisch**en** Saft.)

	masculin	**féminin**	**neutre**	**pluriel**
nominatif	gut**er** Saft	frisch**e** Milch	kalt**es** Wasser	rot**e** Äpfel
accusatif	gut**en** Saft	frisch**e** Milch	kalt**es** Wasser	rot**e** Äpfel
datif	gut**em** Saft	frisch**er** Milch	kalt**em** Wasser	rot**en** Äpfel**n**
génitif	gut**en** Saftes	frisch**er** Milch	kalt**en** Wassers	rot**er** Äpfel

Les constructions avec l'article indéfini :

	masculin	**féminin**	**neutre**	**pluriel**
nominatif	ein klein**er** Tisch	eine alt**e** Schule	ein rot**es** Haus	neu**e** Lehrer
accusatif	einen klein**en** Tisch	eine alt**e** Schule	ein rot**es** Haus	neu**e** Lehrer
datif	einem klein**en** Tisch	einer alt**en** Schule	einem rot**en** Haus	neu**en** Lehrer**n**
génitif	eines kleinen Tisches	einer alten Schule	eines roten Hauses	neuer Lehrer

Les constructions avec l'adjectif possessif :

	masculin	**féminin**	**neutre**	**pluriel**
nominatif	mein klein**er** Tisch	meine alt**e** Schule	mein rot**es** Haus	meine neu**en** Lehrer
accusatif	meinen klein**en** Tisch	meine alt**e** Schule	mein rot**es** Haus	meine neu**en** Lehrer
datif	meinem klein**en** Tisch	meiner alt**en** Schule	meinem rot**en** Haus	meinen neu**en** Lehrer**n**
génitif	meines klein**en** Tisches	meiner alt**en** Schule	meines rot**en** Hauses	meiner neu**en** Lehrer

Übung 1

Traduisez les phrases suivantes :

1. Mon cousin est le fils de ma tante.

   ----

2. La grand-mère de Dirk a déjà 91 ans.

   ----

3. Le frère de sa femme est son beau-frère.

   ----

4. Le nouvel ami de ma sœur s'appelle Axel.

   ----

5. La tante de papa habite à Berlin.

   ----

6. La nouvelle femme de mon oncle est très sympa.

   ----

7. Le petit-fils de Klara va déjà à l'école.

Le futur

Les temps sont assez faciles en allemand ! Voici le futur, qui ne fait pas exception à la règle !

Le futur est un temps composé. On utilise un auxiliaire - « **werden** » - et on met l'infinitif du verbe que l'on veut mettre au futur.

✓ **Exemple** : Il ira à Munich → Er **wird** nach München **gehen**.

C'est tout. Il n'existe que cette forme pour le futur. Il n'y a pas d'exception !

ACHTUNG!

Lorsque le temps est déjà exprimé dans la phrase, on n'est même pas obligé d'utiliser le futur en allemand. À vous de choisir.

Exemple : Samedi, je resterai à la maison. → **Am Samstag** bleibe ich zu Hause.

ou Am Samstag werde ich zu Hause bleiben.

Tout ce qu'il vous faut, c'est le verbe werden *(irrégulier !). Le verbe* werden *se traduit par « devenir » quand il est utilisé seul.*

Exemple : Il devient rouge. → Er wird rot.

Werden
ich werde - du wirst - er wird - wir werden -
ihr werdet - sie werden - Sie werden

Übung 2

Mettez les éléments en gras au futur.

*Exemple : Ich **fahre** nach Italien.*
→ Ich werde nach Italien fahren.

1. Die Kinder **gehen** am Sonntag mit ihren Eltern ins Schwimmbad.
2. Sie ist sicher, dass ihre Großeltern **kommen**.
3. Ich glaube, dass ich im Sommer mit meiner Schwester nach Spanien **fahre**.
4. Mein Schwager **kommt** morgen um 9 Uhr.
5. **Geht** ihr ins Theater?
6. **Kaufen** Sie eine Wohnung in der Stadt?
7. Mein Cousin sagt, dass er Lehrer **wird**.

Meine Familie

Hallo, ich heiße Klaus Schmidt. Ich bin 12 und wohne in Frankfurt. Ich gehe ins Gymnasium. Meine Hobbys sind Fußball und Videospiele.
Das ist meine Familie:

der Vater:	Vorname: Carsten Nachname: Schmidt. Alter: 45 Jahre. Mein Vater arbeitet in einer Bank. Hobby: Fußball spielen und Fahrrad fahren.
die Mutter:	Sabine Schmidt. 43 Jahre. Meine Mutter arbeitet nicht. Ihr "Beruf" ist Hausfrau. Ihr Hobby: Lesen.
der Bruder:	Rainer Schmidt. 17 Jahre. Rainer ist noch Schüler. Er geht ins Gymnasium. Hobbys: Musik und... Mädchen.
die Schwester:	Carola Schmidt. 7 Jahre. Carola ist Schülerin. Sie ist in der ersten Klasse. Hobbys: Tanzen, Ballett und mit ihren Puppen spielen.
der Hund:	Bello. 4 Jahre. Beruf: Hund. Hobby: Bellen.
die Großeltern:	Paul und Lina Schmidt sind Oma und Opa. Sie sind Papas Eltern.

der Vorname (-n) : *le prénom*
der Nachname (-n) *ou* Familienname : *le nom de famille*
das Alter : *l'âge*
die Hausfrau (-en) : *la femme au foyer*
das Gymnasium (die Gymnasien) : *le lycée*
die Videospiele : *les jeux vidéo*
die Schülerin : *l'écolière*
der Beruf (-e) : *le métier, la profession*
bellen : *aboyer*

Und ihr?

Présentez votre famille comme dans le texte précédent :

der Vater Vorname : Nachname : Alter : Beruf : Hobby :	die Mutter Vorname : Nachname : Alter : Beruf : Hobby :
der Bruder Vorname : Nachname : Alter : Beruf : Hobby :	die Schwester Vorname : Nachname : Alter : Beruf : Hobby :

der Hund / die Katze Name : Alter : Hobby :

Im Supermarkt

Au supermarché

Was kaufen wir heute ein?

Stefan und seine Mutter sind im Supermarkt. Sie haben einen Einkaufswagen und gehen durch die Abteilungen des Supermarktes.

Stefan: Was brauchen wir?
Mutter: Ich habe eine Liste. Wir beginnen mit den Getränken.
Stefan: Können wir Cola kaufen?
Mutter: Ja, aber nur zwei Flaschen.
Stefan: Hier ist auch der Saft, den ich immer trinke. Nehmen wir eine Flasche?
Mutter: Nein. Die Flasche, die wir zu Hause haben, ich noch nicht leer. Ich brauche auch Wasser. Das Wasser, das dein Vater gern trinkt, steht dort. Nimm einen Kasten.
Stefan: Was noch?
Mutter: Wir brauchen Joghurt und Milch. Gehen wir in die Abteilung.
Stefan: Kaufen wir den Joghurt, der mit Erdbeeren ist?
Mutter: Gut. Nimm drei Becher. Hier ist auch die Milch für dein Müsli, das du zum Frühstück isst.
Stefan: Können wir auch Marmelade kaufen? Die Marmelade, die wir haben ist nicht gut.
Mutter: Nein. Zuerst essen wir die Marmelade, die im Kühlschrank ist.
Stefan: Schau mal, Mama. Hier gibt es Brot.
Mutter: Brot kaufen wir nachher beim Bäcker.

Stefan: Tobias, mein Freund, mit dem ich ins Schwimmbad gehe, hat immer gute Kekse. Können wir auch diese Kekse kaufen?

Mutter: Natürlich. Hol ein Paket. So, wir brauchen auch Fleisch.

Stefan: Oh ja! Nehmen wir Schnitzel?

Mutter: Nein, heute gibt es Hähnchen. Und nimm bitte den Käse, der aus Frankreich kommt. Und wir brauchen auch Eier. Aber nicht die Eier, die braun sind. Wir nehmen die weißen Eier.

Stefan: In dieser Abteilung gibt es Seife. Brauchst du etwas von hier?

Mutter: Ja. Ich brauche Waschpulver und Zahncreme. Hol bitte die Zahncreme, die wir immer nehmen.

Stefan: Ist das alles?

Mutter: Ja, gehen wir an die Kasse.

Stefan: Aber nicht an die Kasse, die so voll ist. Hier rechts ist eine Kasse. Schau mal Mama, hier sind bunte Kaugummis. Ich möchte ein Paket!

Mutter: Cola, Kekse, Joghurt mit Erdbeeren und bunte Kaugummis? Das ist zu viel Zucker! Oder willst du morgen zum Zahnarzt gehen?

VOKABULAR

der Einkaufswagen (-) : *le chariot, le caddie*
das Getränk (-e) : *la boisson*
die Flasche (-n) : *la bouteille*
das Wasser : *l'eau*
der (das) Joghurt (-s) : *le yaourt*
der Becher (-) : *le pot*
die Marmelade (-n) : *la confiture*
der Bäcker (-) : *le boulanger*
das Paket (-e) : *le paquet*
das Hähnchen (-) : *le poulet*
das Ei (-er) : *l'œuf*
die Seife (-n) : *le savon*
das Waschpulver (-) : *la lessive en poudre*
der Kaugummi (-s) : *le chewing-gum*
der Zucker : *le sucre*
zu viel : *trop*
die Abteilung (-en) : *le rayon*
die Liste (-n) : *la liste*
die Cola (-s) : *le coca*
leer : *vide*
der Kasten (¨) : *la caisse*
die Erdbeere (-n) : *la fraise*
das Müsli (-s) : *le muesli*
nachher : *plus tard*
der Keks (-e) : *le biscuit*
das Fleisch : *la viande*
der Käse : *le fromage*
braun : *brun, marron*
etwas : *quelque chose*
die Zahncreme : *le dentifrice*
bunt : *multicolore*
der Zahnarzt (¨e) : *le dentiste*

Les pronoms relatifs

Les pronoms relatifs sont très importants en allemand. Ils servent à faire des constructions de phrases plus élaborées, plus « allemandes ». Et, ils ne sont pas difficiles.

1. Le pronom relatif est toujours une forme de **l'article défini** (sauf au datif pluriel) !

   ✓ **Exemple** : der, die, das, etc.

2. Le pronom relatif est toujours **précédé d'une virgule**.
3. Le pronom relatif renvoie **le verbe conjugué à la fin** de la proposition ou de la phrase !

Comment trouver le pronom relatif ?

Il faut procéder en deux étapes :

a) Il faut chercher le mot qu'il remplace dans la partie de phrase précédente.

b) Il faut déterminer le cas en allemand (la fonction) pour la partie de phrase dans laquelle il se trouve (la proposition relative).

✓ **Exemple** : Le vieil homme **qui** habite dans la maison est mon père.

a) « **qui** » remplace le vieil homme : der alte Mann → masculin

b) « **qui** » est le sujet de la proposition : sujet = nominatif

L'article défini masculin, nominatif est « **der** ».

✓ **Exemple** : Der alte Mann, **der** in dem Haus **wohnt**, ist mein Vater.

Le pronom relatif peut être précédé par une préposition :

✓ **Exemple** : La femme **avec** qui (avec laquelle) je parle s'appelle Maria.

Dans ce cas, c'est la préposition qui vous indique le cas. Ici : datif.

« La femme » = die Frau, donc féminin. L'article féminin au datif est **der**.

→ Die Frau, mit **der** ich spreche, heißt Maria.

ACHTUNG!

Comme nous l'avons déjà indiqué, le pronom relatif ***datif pluriel*** *est irrégulier :* **denen**.

Exemple : Les enfants avec lesquels nous jouons. → Die Kinder, mit **denen** wir spielen.

Übung 1

Trouvez le pronom relatif qui convient et conjuguez puis placez le verbe à la bonne position.

Exemple :
Die Limonade, ___ (trinken) ich in Frankreich, heißt Orangina.
*→ Die Limonade, **die** ich in Frankreich **trinke**, heißt Orangina.*

1. Meine Eltern essen gern Brot, ______________ (kaufen) sie beim Bäcker.

2. Der Käse, ______________ (kaufen) meine Mutter im Supermarkt, kommt aus Frankreich.

3. Die Abteilung, in ______________ (holen) er die Milch, ist hier links.

4. Die Kassiererin, ______________ (geben) wir das Geld, ist sehr nett.

5. Die Kinder, mit ______________ (spielen) Heiko, essen Kekse aus England.

6. Susanne nimmt den Einkaufswagen, ______________ (stehen) vor der Tür.

7. Ich werde Müsli kaufen, ______________ (essen) ich zum Frühstück.

Übung 2

Traduisez les phrases suivantes :

1. Donne-moi les deux bouteilles d'eau qui sont dans le réfrigérateur.

   ....

2. La mère prend trois œufs avec lesquels elle fait un gâteau pour l'anniversaire de Paul.

   ....

3. Le dentiste chez lequel je vais demain habite dans une petite maison à côté du supermarché.

   ....

4. Je prépare un poulet que nous pouvons manger ce soir avec une salade.

   ....

5. Le sucre qui est dans les chewing-gums n'est pas bon pour les enfants.

   ....

6. Monsieur Mehl est le boulanger chez qui nous achetons notre pain.

   ....

7. Les chariots avec lequels nous faisons les courses coûtent 1 € de consigne. (la consigne = *der Pfand*)

   ....

Pause

Frau Blümels Einkaufsliste.

Pouvez-vous aider Madame Blümel à reconstituer sa liste de courses ?

2 F__as__he__ __ola

1 __ast__n W__ss__r

1 Liter M__l__h

1 __ak__t K__ks__

1 H__h__ch__n

6 __i__r

1 K__se

1 Pa__ __t W__s__h__ul__er

1 __ah__cr__me

2 B__ch__r __og__ur__

Ka__g__m__i

Ein freier Tag

Une journée de libre

Was würdest du machen?

Frau Groß und die Schüler sind in der Klasse. Frau Groß diskutiert mit den Schülern.

Frau Groß: Wir diskutieren heute über das Thema: "Was würdet ihr machen, wenn ihr einen freien Tag hättet?" Ihr hättet keine Schule und könntet machen, was ihr wollt. Wer möchte beginnen?

Mario: Wenn ich einen freien Tag hätte, würde ich schlafen.

Iris: Nein, das wäre schade! Ich würde zum Bahnhof gehen und einen Zug nehmen.

Frau Groß: Und wohin würdest du fahren?

Iris: Ich würde nach Hamburg fahren. Meine Freundin Renate wohnt in Hamburg. Wir würden den Hafen mit den großen Schiffen sehen.

Frau Groß: Schön. Und du Oliver? Was würdest du machen?

Oliver: Ich weiß nicht. Ich würde vielleicht einen Tag auf einer kleinen Insel verbringen.

Frau Groß: Wieso?

Oliver: Ich würde wie Robinson leben. Das ist ein Traum von mir.

Frau Groß: Und mit wem wärst du auf der Insel?

Oliver: Ich wäre ganz allein. Nur mit meinem Hund.

Frau Groß: Was für einen Hund hast du?

Oliver:	Ich habe einen Schäferhund. Er heißt Rex.
Günther:	Ich würde mit Michael Schumacher in einem Rennwagen fahren. Michael würde mir alles erklären und ich würde auch seinen Bruder treffen.
Frau Groß:	Und du Karin? Was wäre dein Traum?
Karin:	Ich wäre eine Sängerin. Ich singe gern. Ich würde in ein Studio gehen und eine CD aufnehmen. Das wäre mein Lied.
Frau Groß:	Welches Lied würdest du aufnehmen?
Karin:	Ich würde "Er gehört zu mir" singen. Das ist ein Lied von Marianne Rosenberg[1].
Florian:	Wenn ich einen Tag hätte, wäre ich ein Polizist. Ich würde Verbrecher suchen und ich könnte mit Blaulicht durch die Stadt fahren. Das wäre schön.
Dirk:	Ich wäre ein Fußballer. Ich würde in einem großen Stadion spielen.
Frau Groß:	Gegen wen würdest du spielen?
Dirk:	Natürlich gegen Mehmet Scholl[2] und Zidane. Und ich würde gewinnen!
Frau Groß:	Woher kommt Mehmet Scholl?
Dirk:	Mehmets Eltern kommen aus der Türkei, aber er ist Deutscher.
Frau Groß:	Und du Ursula? Weshalb sagst du nichts?
Alfred:	Wenn ich einen Tag hätte, würde ich von morgens bis abends in die Schule gehen und lernen. Ich wäre glücklich, wenn ich so viel lernen dürfte.
Die Klasse:	Buuuuh! Buuuuh! Streber!
Frau Groß:	Lasst Ursula in Ruhe! Sie kann sagen, was sie möchte.
Dirk:	Und Sie Frau Groß? Was würden Sie machen, wenn Sie einen Tag hätten?
Frau Groß:	Ach, ich glaube, dass ich ganz weit wegfahren würde und meine Schüler für einen Tag vergessen würde!

1. Marianne Rosenberg est une chanteuse populaire allemande.
2. Mehmet Scholl est un joueur de football très connu en Allemagne.

diskutieren : *discuter*
schade : *dommage, regrettable*
der Zug (¨e) : *le train*
das Schiff (-e) : *le bateau*
leben : *vivre*
wieso : *pourquoi*
der Schäferhund (-e) : *le berger allemand*
das Studio (-s) : *le studio*
singen : *chanter*
die CD (-s) : *le cd*
gehören zu : *appartenir à*
der Verbrecher (-) : *le criminel*
der Fußballer (-) : *le joueur de foot*
weshalb : *pourquoi*
lernen : *apprendre*
der Streber (-) : *le fayot*
weg/fahren : *partir*
weit : *loin*
das Thema (-en) : *le sujet*
der Bahnhof (¨e) : *la gare*
der Hafen (¨) : *le port*
die Insel (-n) : *l'île*
der Traum (¨e) : *le rêve*
erklären : *expliquer*
die Sängerin (-nen) : *la chanteuse*
treffen *(irr.)*: *rencontrer*: ich treffe, du triffst, er trifft
auf/nehmen : *enregistrer*
das Lied (-er) : *la chanson*
der Polizist (-en) : *le policier*
das Blaulicht : *le gyrophare*
das Stadion (Stadien) : *le stade*
von morgens bis abends : *du matin au soir*
vergessen *(irr.)*: *oublier*: ich vergesse, du vergisst, er vergisst

Le conditionnel

Le conditionnel allemand est appelé en grammaire « subjonctif II ». Pour des raisons de facilité, nous allons parler de « conditionnel » dans notre livre.

Ce conditionnel est très facile. Il suffit de lire ces quelques précautions.

Il a la même construction que le futur (leçon 22). On se sert de l'auxiliaire « **werden** » – qui lui est au conditionnel – et on met l'infinitif à la fin de la phrase ou de la proposition.

Le conditionnel du verbe « **werden** » est le suivant :

ich würde – du würdest – er würde – wir würden – ihr würdet – sie würden – Sie würden

✓ **Exemple** : J'irais à Berlin... → Ich **würde** nach Berlin **gehen**...

ACHTUNG!

Les verbes suivants ont déjà leur propre forme du conditionnel. On ne peut pas les utiliser avec l'auxiliaire werden.

sein : ich wäre – du wärst – er wäre – wir wären – ihr wärt – sie wären – Sie wären

haben : ich hätte – du hättest – er hätte – wir hätten – ihr hättet – sie hätten – Sie hätten

Les verbes de modalité :

können : ich könnte – du könntest – er könnte – wir könnten – sie könnten – Sie könnten

müssen : ich müsste – du müsstest – er müsste – wir müssten – ihr müsstet – sie müssten – Sie müssten

sollen : ich sollte – du solltest – er sollte – wir sollten – ihr solltet – sie sollten – Sie sollten

dürfen : ich dürfte – du dürftest – er dürfte – wir dürften – ihr dürftet – sie dürften – Sie dürften

wollen : ich wollte – du wolltest – er wollte – wir wollten – ihr wolltet – sie wollten – Sie wollten

La construction de la phrase avec le conditionnel :

1. Le « si » du conditionnel est exprimé par « **wenn** » :
   → **Wenn** ich könnte...
2. Le « **wenn** » renvoie le verbe conjugué à la fin :
   → Wenn ich ein Auto **hätte**
3. La deuxième partie de la phrase commence par le verbe (inversion) :
   → Wenn ich ein Auto hätte, **würde** ich nach Berlin fahren.
4. En allemand, on utilise le conditionnel pour **tous les verbes** dans la phrase, contrairement au français, où il faut un imparfait après « si » : si j'avais une voiture...

ACHTUNG!

Il s'agit ici d'une forme simplifiée du conditionnel que les Allemands utilisent fréquemment. Mais il existe d'autres règles !

Übung 1

Traduisez les phrases suivantes :

1. Que diriez-vous si je venais avec mon chien, Madame Müller ?

2. Tu pourrais voir les grands bateaux si tu allais à Hambourg.

3. Si nous faisions nos devoirs, nous pourrions jouer.

4. Si Stefan avait de l'argent, il achèterait une nouvelle voiture.

5. Iriez-vous au cinéma s'il y avait un bon film ?

6. Qui gagnerait si Zidane jouait contre Mehmet Scholl ?

7. Si je voulais, je pourrais chanter une chanson allemande.

Übung 2

Construisez des phrases d'après le modèle ci-dessous :

Exemple : Ins Kino gehen - Geld haben - Iris.
→ Iris würde ins Kino gehen, wenn sie Geld hätte.
ou Wenn Iris Geld hätte, würde sie ins Kino gehen.

1. auf eine Insel gehen – wie Robinson leben – ich

....

2. Sonntag sein – schlafen – Robert

....

3. nach Italien fahren – Pizza essen – die Schüler

....

4. in den Supermarkt gehen – Schokolade kaufen – die Mutter

....

5. viel lernen – gute Noten haben – ihr

....

6. André Agassi besuchen – mit ihm Tennis spielen können – du

....

Les pronoms interrogatifs

Nous avons déjà vu un certain nombre de pronoms interrogatifs. Faisons le point aujourd'hui et donnons quelques explications :

was?	que, quoi ?	*Was machst du ?* → *Ich spiele **Fußball**.*
wer?	qui ? La réponse doit être un nominatif.	*Wer wohnt hier ?* → ***Klaus** wohnt hier.*
wen?	qui ? S'utilise quand la réponse donne un accusatif. Ce pronom interrogatif peut être combiné avec des prépositions qui nécessitent un accusatif.	*Wen siehst du ?* → *Ich sehe **den Mann**.* ***Für** wen arbeitest du ?*
wem?	à qui, qui ? S'emploie pour le datif. Ce pronom interrogatif peut être combiné avec des prépositions qui nécessitent un datif.	*Wem gibst du das Buch ?* → *Ich gebe es **meinem Vater**.* ***Mit** wem kommst du ?* → *Ich komme mit meiner Schwester.*
wo?	où ? Demande où se trouve quelqu'un ou quelque chose (statique)	*Wo wohnt deine Tante ?* → *Sie wohnt **in diesem Haus**.*
wohin?	où ? Veut savoir où se déplace quelqu'un ou quelque chose (déplacement)	*Wohin gehst du morgen ?* → *Ich gehe **nach Berlin**.* *Wohin fährt der Zug ?* → *Er fährt nach Koln.*
woher?	d'où ?	*Woher kommt der Junge ?* → *Er kommt **aus München**.*
wann?	quand ?	*Wann gehst du ins Theater ?* → *Ich gehe **morgen** ins Theater.*
warum?	pourquoi ?	*Warum kommt er nicht ?* → *Er kommt nicht, **weil er krank ist**.*

wieso?	pourquoi ? Synonyme de warum.	*Wieso kommt er nicht ?* *→ Er kommt nicht,* ***weil er krank ist****.*
weshalb?	pourquoi ? Synonyme de « warum » et de « wieso ».	*Weshalb kommt er nicht ?* *→ Er kommt nicht,* ***weil er krank ist****.*
wie?	comment ?	*Wie ist das Kleid ?* *→ Das Kleid ist* ***blau****.*
wie viel?	combien ? (inv.)	*Wie viel Kinder haben Sie ?* *→ Ich habe* ***drei*** *Kinder.*
wie alt?	quel âge ?	*Wie alt bist du ? → Ich bin* ***zehn****.*
was für?	quel genre de... ?	*Was für einen Wagen hast du ?* *→ Ich habe* ***einen Golf****.*
welch...?	quel, quelle ? « welch... » se décline ! S'il s'agit du nominatif, masculin : S'il est combiné avec une préposition à l'accusatif, masculin : Ou si c'est un datif, féminin :	*Welcher Mann ist das ?* *→ Er ist* ***der Lehrer****.* ***Für welchen*** *Spieler bist du ?* *→ Ich bin für Zidane.* ***Mit welcher*** *Cousine kommt sie ?* *→ Sie kommt mit* ***Sarah****.*

Übung 3

Trouvez le pronom interrogatif qui convient et donnez une réponse !

Exemple :
Frage : ____________ fährt Iris nach Hamburg ? → ***Warum****.*
Antwort : Sie fährt nach Hamburg, weil sie den Hafen sehen will.

1. .... heißt der Präsident von Frankreich?

   ....

2. .... kostet ein Baguette, wenn du es beim Bäcker kaufst?

   ....

3. __________ fährst du im Sommer für die Ferien?

____

4. __________ einen Wagen hat dein Vater oder deine Mutter?

____

5. __________ lernst du Deutsch?

____

6. In __________ Schule gehst du?

____

7. Mit __________ möchtest du ins Kino gehen, wenn du könntest?

____

8. Für __________ würdest du ein Geschenk kaufen?

____

9. __________ hast du Geburtstag?

____

10. __________ alt ist dein Deutschlehrer?

____

11. __________ kommen deine Eltern?

____

12. __________ ist Wien?

____

13. __________ ist der Sänger mit der Gitarre? (die Gitarre = *la guitare*)

____

14. __________ würdest du machen, wenn du einen freien Tag hättest?

____

Pause

Complètez le tableau selon l'exemple :

	Masculin der	*Féminin* die	*Neutre* das	*Verbe* Verb	*Adjectif* Adjektiv	*Être vivant* der
f	Freund	Frau	Fahrrad	fliegen	frisch	Fisch
m						
k						
r			Radio			
s		Sonne				
g				gehen	groß	
l						
p						
h	Hund					

Die Feste zum Jahresende

Les fêtes de fin d'année

Früher war alles anders...

Das hörte ich immer von meinen Eltern und Großeltern. Aber heute, muss ich selbst sagen, dass es früher anders war. Ich möchte ein Beispiel nehmen: Weihnachten.

Am 24. Dezember ist Heilig Abend. Mein Vater ging am Morgen in den Keller und holte die Kugeln für den Tannnenbaum. Dann schmückte er den Baum. Ich durfte nicht ins Wohnzimmer gehen. Es sollte eine Überraschung sein. Am Nachmittag gingen wir mit Oma zum Friedhof. Wir stellten Opa eine Kerze auf das Grab. Dann gingen wir nach Hause zurück, um Kaffee zu trinken. Ich war ganz ungeduldig und fragte immer: "Ist das Christkind[1] schon gekommen?" Meine Mutter sagte dann: "Das Christkind kommt vor dem Abendessen." Ich musste also noch warten. Ich spielte in meinem Zimmer oder las ein Buch. Früher gab es noch keine Computer und Videospiele. Aber ich langweilte mich trotzdem nicht.

Gegen 18 Uhr kam dann endlich das Christkind. Ich durfte in das Wohnzimmer gehen. Mama, Papa und Oma standen vor dem Tannenbaum und Musik kam aus dem Radio. Es war richtig festlich. Und unter dem Tannenbaum lagen die Geschenke. "Schau mal, was das Christkind dir

1. « das Christkind » = « l'enfant Christ ». En Allemagne, les enfants croient que c'est le « Christkind » qui apporte les cadeaux, pas le Père Noël !

gebracht hat!" sagte Oma. Ich öffnete alle Pakete und freute mich über alles, was es gab. Dann öffneten meine Eltern und Oma ihre Geschenke. "Ich habe ein neues Parfum bekommen", sagte Mama. "Und das Christkind hat mir eine neue Krawatte gebracht", meinte Papa. "Ich habe ein tolles Buch gekriegt!", freute sich Oma. Dann gingen wir in die Küche und aßen. Ich durfte noch ein wenig mit meinen neuen Geschenken spielen und dann ging ich ins Bett.

Am 25. Dezember kamen Onkel Willy und Tante Anna. Sie brachten auch Geschenke. "Das habt ihr nicht gebraucht", sagte Mama immer. Wir aßen zusammen und am Nachmittag kamen meine Cousins Rolf und Thomas. Wir spielten zusammen mit unseren neuen Spielsachen.

Am 26. Dezember arbeitete mein Vater nicht. Es war der zweite Feiertag. Wir nahmen unseren Wagen und fuhren zu Tante Mechthild nach Stuttgart. "Ich habe euch so lange nicht gesehen", sagte sie jedes Mal. Und zu mir sagte sie immer: "Du bist groß geworden!"

Am 27. Dezember war alles vorbei. Aber wir freuten uns schon auf Silvester. Es gab immer eine große Party. Die Freunde meiner Eltern kamen und ich durfte auch Freunde einladen. Wir hatten sehr viel Spaß. Dann kam der 1. Januar: Neujahr. Die Leute in der Straße und die Nachbarn riefen immer: "Prost Neujahr!" Es war auch ein Feiertag und wir konnten uns ausruhen.

Heute ist der Zauber nicht mehr da. Ich freue mich immer noch, wenn Weihnachten ist, aber so wie früher ist es nicht mehr. Aber ich weiß, dass sich meine Kinder freuen, und das ist schön!

Heilig Abend : *la veille de Noël*
früher : *autrefois, avant*
ich selbst : *moi-même*
der Keller (-) : *la cave*
der Tannenbaum (¨e) : *le sapin*
der Baum (¨e) : *l'arbre*
die Kerze (-n) : *la bougie*
zurück/gehen : *retourner*
also : *donc*
endlich : *enfin*
sich freuen : *se réjouir*
bekommen : *recevoir*
kriegen = bekommen : *recevoir*
der Feiertag (-e) : *le jour de fête*
vorbei sein : *être fini*
Spaß haben : *s'amuser*
der Zauber : *la magie*
anders : *différent*
Weihnachten : *Noël*
die Kugel (-n) : *la boule*
schmücken : *décorer*
der Friedhof (¨e) : *le cimetière*
das Grab (¨er) : *la tombe*
ungeduldig : *impatient*
trotzdem : *quand même*
festlich : *solennel*
das Parfum (-s) : *le parfum*
die Krawatte : *la cravate*
die Spielsachen : *les jouets*
jedes Mal : *chaque fois*
Silvester : la *Saint Sylvestre*

Le passé

Le passé est relativement simple en allemand comparé à d'autres langues.

Il y a deux formes de passé en allemand : le prétérit et le parfait. Les deux ont la même valeur et expriment la même chose !

La seule chose qui les distingue c'est que le prétérit est plutôt utilisé pour l'écrit tandis que le parfait s'emploie quand on parle.

1. Le prétérit :

Utilisation : langue écrite, tous les verbes.

a) Verbes réguliers :

Pour former un prétérit d'un verbe régulier, on se base sur le « radical » (voir leçon 5) du verbe et on rajoute les terminaisons suivantes :

✓ **Exemple** : faire → **m a c h** / e n

ich mach**te** - du mach**test** - er mach**te** - wir mach**ten** - ihr mach**tet** - sie mach**ten**

ACHTUNG!

Nous considérons les verbes de modalité comme réguliers. Toutefois, ils n'ont pas de Umlaut (ä, ö, ü) *au prétérit.*

Exemple : wollen → er wollte   können → er konnte.

b) Verbes irréguliers :

Pas de miracle ! Il faut apprendre la forme du verbe. Nous vous donnons un tableau des principaux verbes irréguliers à la fin de cette leçon. Tous les verbes sont donnés à la troisième personne du singulier. Il faut rajouter, le cas échéant, les terminaisons suivantes.

✓ **Exemple** : sehen : ich sah / du sah**st** / er sah / wir sah**en** / ihr sah**t** / sie sah**en**

ACHTUNG!

La première et la troisième personne du singulier des verbes irréguliers ne prennent ***jamais*** *de marque au prétérit !*

Voici les verbes « **sein** » (être) et « **haben** » (avoir) au prétérit :

sein : ich war - du war**st** - er war - wir war**en** - ihr war**t** - sie war**en**
haben : ich hatte - du hatt**est** - er hatte - wir hatt**en** - ihr hatt**et** - sie hatt**en**

2. Le parfait

Utilisation : langue parlée, tous les verbes sauf : « sein », « haben », et les verbes de modalité. Ces verbes sont toujours utilisés au prétérit.

Le parfait est un temps composé. Il lui faut un auxiliaire (« sein / haben ») et un participe passé.

Quant au choix de l'auxiliaire, on peut dire que c'est en gros le même qu'en français.

✓ **Exemple** : Je suis allé → Ich **bin** gegangen
J'ai mangé → Ich **habe** gegessen

Pour les exceptions, voici un tableau :

verbe	auxiliaire	exemple
sein (être)	sein	Ich bin gewesen.
fliegen (voler)	sein	Er ist geflogen.
fahren (aller en voiture, rouler, conduire)	sein	Wir sind nach Paris gefahren.
verschwinden (disparaître)	sein	Sie ist verschwunden.
verbes pronominaux	haben	Er hat sich gewaschen.

a) Participe passé des verbes réguliers :

On se base sur le radical du verbe en le précédant de « **ge**- » et en rajoutant « -**t** » à la fin.

✓ **Exemple** : Il a fait → **mach**/en → Er hat **ge**macht.

b) Participe passé des verbes irréguliers :

Là aussi, il faut regarder dans le tableau ! La plupart des participes se construisent avec « **ge**- » et ils se terminent en « -**en** ». Mais le radical peut changer d'un verbe à l'autre...

✓ **Exemple** : Il a trouvé → finden → Er hat **ge**funden.

Certains participes se terminant en « -**t** » :

✓ **Exemple** : denken → Er hat gedacht. (Voir tableau.)

Généralités et remarques :

1. Le participe passé se trouve toujours à la fin de la phrase ou de la proposition.

   ✓ **Exemple** : Er hat gestern einen neuen Wagen **gekauft**.

2. Les verbes de trois syllabes et plus ne prennent pas de « **ge**- » !

   ✓ **Exemple** : telefonieren → Er hat telefoniert.

   (SAUF : les verbes à particule séparable)

Exceptions : arbeiten → er hat gearbeitet ; antworten → er hat geantwortet

3. Pour les verbes à particule séparable, le « **ge**- » se place entre la particule et le radical.

   ✓ **Exemple** : auf/machen → Er hat die Tür auf**ge**macht.

Voici une liste de tous les verbes irréguliers utilisés dans ce livre :

infinitif	prétérit	participe passé	3e personne sing.
backen	backte	hat gebacken	*cuire au four*
beginnen	begann	hat begonnen	*commencer*
bekommen	bekam	hat bekommen	*recevoir*
bleiben	blieb	ist geblieben	*rester*
bringen	brachte	hat gebracht	*apporter*
erkennen	erkannte	hat erkannt	*reconnaître*
essen	aß	hat gegessen	*manger*
fahren	fuhr	ist gefahren	*aller (en voiture)*
finden	fand	hat gefunden	*trouver*
fliegen	flog	ist geflogen	*voler (avion)*
fressen	fraß	hat gefressen	*dévorer*
geben	gab	hat gegeben	*donner*
gehen	ging	ist gegangen	*aller*
gewinnen	gewann	hat gewonnen	*gagner (jeu)*
heißen	hieß	hat gehießen	*s'appeler*
kennen	kannte	hat gekannt	*connaître*
kommen	kam	ist gekommen	*venir*
liegen	lag	hat gelegen	*être couché*
nehmen	nahm	hat genommen	*prendre*
reiten	ritt	hat geritten	*faire du cheval*
rufen	rief	hat gerufen	*appeler*
schlafen	schlief	hat geschlafen	*dormir*
schlagen	schlug	hat geschlagen	*battre*
schneiden	schnitt	hat geschnitten	*couper*
schwimmen	schwamm	hat geschwommen	*nager*
sehen	sah	hat gesehen	*voir*
sein	war	ist gewesen	*être*
singen	sang	hat gesungen	*chanter*
sitzen	saß	hat gesessen	*être assis*
sprechen	sprach	hat gesprochen	*parler*
springen	sprang	ist gesprungen	*sauter*
stehen	stand	hat gestanden	*être debout*
sterben	starb	ist gestorben	*mourir, décéder*
tragen	trug	hat getragen	*porter*
treffen	traf	hat getroffen	*rencontrer*
trinken	trank	hat getrunken	*boire*
verbringen	verbrachte	hat verbracht	*passer (le temps)*
vergessen	vergaß	hat vergessen	*oublier*
verschwinden	verschwand	ist verschwunden	*disparaître*
wissen	wusste	hat gewusst	*savoir*

Übung 1

Conjuguez ces verbes réguliers entre parenthèses au prétérit :

1. Heilig Abend (machen) meine Mutter ein gutes Essen, das Weihnachtsessen.
2. Mein Vater (wollen) den Tannenbaum schmücken.
3. Am 25. Dezember (spielen) ich mit meinen neuen Spielsachen.
4. Am 26. Dezember (arbeiten) meine Eltern nicht.
5. An Silvester (kaufen) wir Wein und Saft für die Party.
6. Am 1. Januar, Neujahr, (sich ausruhen) wir.

Übung 2

Conjuguez ces verbes irréguliers entre parenthèses au prétérit :

1. Unsere Stadt (sein) früher ein kleines Dorf.
2. Es (geben) nur ein paar Häuser und eine Kirche.
3. Wir (gehen) immer zum Bauernhof, um Milch zu holen.
4. Ich (schwimmen) oft in dem kleinen See hinter der Kirche.
5. Wir (nehmen) unsere Fahrräder und (fahren) in den Wald.
6. Mein kleiner Bruder (trinken) Wasser von der Quelle und (essen) frische Äpfel.
7. Ich (sehen) meine Freunde fast jeden Tag.

Mini Vokabular

das Dorf (¨er) : *le village*
der Bauernhof (¨e) : *la ferme*
der Wald (¨er) : *la forêt*
die Quelle (-n) : *la source*

Übung 3

Mettez les verbes entre parenthèses au passé (prétérit ou parfait). N'oubliez pas d'utiliser un auxiliaire s'il s'agit d'un parfait et de le placer au bon endroit !

Exemple : Ich (bin) gestern im Kino und (sehen) einen tollen Film.
*→ Ich **war** gestern im Kino und **habe** einen tollen Film **gesehen**.*

Das Fotoalbum

Gaby: Schau mal, was ich (finde)!

Ingo: Oh, ein Fotoalbum. Wo (sein) das Fotoalbum?

Gaby: Es (liegen) in Omas Schrank. Wer ist denn dieser dicke Junge?

Ingo: Das ist Papa! Er (sein) 10 Jahre! Papa (wohnen) noch in Karlsruhe.

Gaby: Ich (wissen) nicht, dass Papa so dick war. Und das sind Opa und Oma, Papas Eltern. Opa (haben) schon früher eine Glatze.

Ingo: Wenn es kalt war, (müssen) er immer einen Hut tragen.

Gaby: Zum Glück (bleiben) Papa nicht so dick!

Ingo: Und wer ist das?

Gaby: Das muss Onkel Ludwig sein. Ich (kennen) ihn nicht. Er (sterben) 1959 in Heidelberg. Mama sagt immer, dass er ein sehr guter Mensch (sein).

Ingo: Und auf dieser Seite ist Tante Kordula. Wann (sehen) wir Tante Kordula das letzte Mal?

Gaby: Ich weiß nicht. Ich glaube, wir (fahren) vor drei Jahren zu ihr. Sie (hat) noch ihre Wohnung in Hamburg. Erinnerst du dich? Wir (gehen) zum Hafen und (fotografieren) die Schiffe.

Ingo: Ja, und Onkel Fred (mitkommen) auch.

Gaby: Und wer ist diese junge Frau mit Papa? (sehen) du das Foto schon?

Ingo: Nein. Es ist das erste Mal. Schau mal, sie küssen sich! Wo (treffen) Papa diese Frau? Ob Mama es weiß? Es ist besser, wir zeigen ihr das Foto nicht.

In diesem Moment kommt Frau Klein nach Hause.

Mutter: Hallo ihr zwei. Was macht ihr da?

Ingo: Ach nichts, Mama.

Mutter: Was habt ihr da? Das ist Omas Fotoalbum! Und du Gaby, was (verstecken) du in deiner Hand? Zeig mal.

Mutter: Mein Gott! Das sind Vati und ich. Wir (treffen) uns zum ertsen Mal. Es (sein) in Karlsruhe. Das (sein) unser erster Kuss... Aber Vati (sein) sehr dick.

Gaby: Das bist du auf dem Foto Mama? Wir (erkennen) dich nicht.

das Fotoalbum (-alben) : *l'album photo*
dick : *gros*
treffen *(irr.)*: *rencontrer*: ich treffe, du triffst, er trifft
sterben *(irr.)*: *mourir, décéder*: ich sterbe, du stirbst er stirbt
die Seite (-n) : *la page*
verstecken : *cacher*
eine Glatze haben : *être chauve*
Mein Gott! : *Mon Dieu !*
erkennen : *reconnaître*
sich küssen : *s'embrasser*
der Kuss (¨e) : *le baiser*
der Hut (¨e) : *le chapeau*
kalt : *froid*

Pause

Die Feste zum Jahresende.
Regardez le tableau suivant et complétez-le.

Datum	Deutschland	Frankreich
24. Dezember	« Heilig Abend » Man macht Geschenke. Es gibt ein Essen mit der Familie. Um Mitternacht gibt es eine Messe in der Kirche.	
25. Dezember	« Erster Weihnachtsfeiertag » Man trifft sich mit der Familie, es gibt ein großes Mittagessen.	
26. Dezember	« Zweiter Weihnachtsfeiertag » Man kann in ein Restaurant gehen, oder man kann seine Familie besuchen.	
27.-31. Dezember	« Zwischen den Jahren » In dieser Zeit sind Schulferien.	
31. Dezember	« Silvester » Am Abend feiert man mit der Familie oder mit Freunden. Um Mitternacht gibt es ein großes Feuerwerk.	
1. Januar	« Neujahr » Feiertag. Man ruht sich von den Partys aus !	

Pause

Ein deutsches Weihnachtslied (une chanson de Noël allemande) :

Oh Tannenbaum

Oh Tannenbaum, oh Tannenbaum,	*Ô sapin de Noël, ô sapin de Noël,*
wie grün sind deine Blätter.	*comme tes feuilles sont vertes.*
Du grünst nicht nur zur Weihnachtszeit,	*Tu n'es pas vert seulement en été,*
nein auch im Winter, wenn es schneit,	*mais aussi en hiver quand il neige.*
Oh Tannenbaum, oh Tannenbaum,	*Ô sapin de Noël, ô sapin de Noël,*
wie grün sind deine Blätter.	*comme tes feuilles sont vertes.*

Lektion 26

Révision

Ce sera notre dernière leçon de révision.

Les pronoms personnels à l'accusatif et au datif

Les pronoms personnels se déclinent aussi.

Nominatif : ich, du, er, sie, es, wir, ihr, sie, Sie

Accusatif : mich, dich, ihn, sie, es, uns, euch, sie, Sie

Datif : mir, dir, ihm, ihr, ihm, uns, euch, ihnen, Ihnen

✓ **Exemple** : J'ai un livre pour toi. → Ich habe ein Buch für **dich**.

Les prépositions mixtes

Il s'agit de prépositions qui peuvent entraîner soit un accusatif, soit un datif. Il faut se poser la question s'il y a déplacement d'un point vers un autre ou s'il s'agit de quelque chose qui est/reste à un endroit.

Déplacement = ACCUSATIF

Statique = DATIF

✓ **Exemple** : Il va dans la cuisine. → Er geht in **die** Küche. (Déplacement, il n'y est pas encore)

Il est dans la cuisine. → Er ist in **der** Küche. (Statique, il y est)

(Pour les explications concernant les traductions, il faut voir la leçon 21.)

Les déclinaisons : le génitif

Le génitif correspond au complément du nom. Il y a deux sortes de génitif en allemand.

1. Le génitif saxon :

On l'utilise pour tous les noms propres, sans article (attention aux pays qui ont des articles ! Ici, le génitif saxon ne marche pas).

On prend le nom en rajoutant la terminaison « **-s** ».

✓ **Exemple** : La voiture de Stefan. → Stefan**s** Wagen.

2. Le génitif « normal » :

Le déterminant du masculin prend un « **-s** » et le nom un « **-s** ».

→ Der Wagen de**s** Lehrer**s**.

Le déterminant du féminin prend un « **-r** » et le nom reste invariable.

→ Der Wagen de**r** Frau.

Le déterminant du neutre prend un « **-s** » et le nom un « **-s** ».

→ Der Wagen de**s** Mädchen**s**.

Le déterminant du pluriel prend un « **-r** » et le nom reste invariable.

→ Der Wagen de**r** Männer.

Le futur

Le futur est très simple. Il s'agit d'un temps composé. On utilise l'auxiliaire « **werden** » et l'**infinitif** du verbe en question.

✓ **Exemple** : Nous irons à Paris. → Wir **werden** nach Paris **gehen**.

(ich werde - du wirst - er wird - wir werden - ihr werdet - sie werden - Sie werden)

Les pronoms relatifs

Le pronom relatif est toujours une forme de l'article défini en allemand (sauf au datif pluriel : « denen »). Il est précédé d'une virgule et renvoie le verbe conjugué à la fin de la phrase ou de la proposition.

Il faut procéder en deux étapes :

- D'abord, on doit trouver l'antécédant du pronom relatif pour déterminer le genre.

- Ensuite, il faut trouver le « cas », c'est-à-dire la fonction dans la proposition relative (Sujet = nominatif, COD = accusatif, etc.).

✓ **Exemple** : Le garçon qui vient ce soir est mon frère.
→ Der Junge, **der** heute Abend **kommt**, ist mein Bruder.

(Le frère = masculin / qui = sujet, nominatif. L'article défini masculin, nominatif = **der**)

✓ **Exemple** : La fille avec laquelle je parle s'appelle Marie.
→ Das Mädchen, mit **dem** ich spreche, heißt Marie.

(La fille = neutre / avec laquelle = datif, à cause du mit. L'article défini datif, neutre = **dem**)

Le conditionnel (« subjonctif II »)

Le conditionnel est un temps composé aussi. On utilise le conditionnel du verbe « **werden** » comme auxiliaire et l'infinitif du verbe en question.

✓ **Exemple** : J'irais à Paris → Ich **würde** nach Paris gehen.

(ich würde - du würdest - er würde - wir würden - ihr würdet - sie würden - Sie würden)

Exception : les verbes suivants. Ces verbes ont leur propre forme du conditionnel !

sein (wäre) - haben (hätte) - können (könnte) - dürfen (dürfte) - müssen (müsste) - wollen (wollte) - sollen (sollte).

Le conditionnel s'applique à **tous les verbes** de la phrase !

✓ **Exemple** : Si j'avais le temps, j'irais à Paris.
→ Wenn ich Zeit **hätte**, **würde** ich nach Paris gehen.

Les pronoms interrogatifs

Voici quelques pronoms interrogatifs qui sont un peu particuliers.

wer? qui, si la réponse est un NOMINATIF.
→ **Wer** kommt heute? **Vati** kommt heute.

wen? qui, si la réponse est un ACCUSATIF.
→ **Wen** siehst du? Ich sehe **meinen Vater**.

wem? à qui, qui, si la réponse est un DATIF.
→ **Wem** schreibst du? **Meinem Vater**.

wo? où, si quelque chose se trouve à un endroit. Statique.
→ **Wo** wohnst du? **In** Berlin.

wohin? où, s'il y a déplacement d'un point vers un autre.

→ **Wohin** gehst du? **Nach** Berlin.

woher? d'où, pour savoir d'où on vient.

→ **Woher** kommst du? Ich komme **aus** Deutschland.

warum? pourquoi ? Notons que cette question a deux synonymes : « **wieso** », « **weshalb** ».

welch-? quel, lequel. Il faut savoir que ce pronom interrogatif se décline comme l'article défini.

→ Quel homme ? (nominatif, masculin) → Welch**er** Mann?

Le passé

Il y a deux temps pour le passé en allemand : le prétérit (langue écrite) et le parfait (langue parlée).

Le prétérit des verbes réguliers se compose du radical, en rajoutant les terminaisons suivantes :

ich **-te**, du **-test**, er **-te**, wir **-ten**, ihr **-tet**, sie **-ten**, Sie **-ten**

✓ **Exemple** : Ich **machte** einen Kuchen.

Pour les verbes irréguliers, il faut les apprendre par cœur !

Le parfait est un temps composé. Il lui faut un auxiliaire (« sein » ou « haben ») et un participe passé.

Le participe passé des verbes réguliers se compose la plupart du temps ainsi : **ge** + radical + **t**

✓ **Exemple** : Il a fait → Er hat **ge**mach**t**.

Pour les verbes irréguliers, il faut les apprendre par cœur !

Lexique français/allemand

A

à bientôt !	*bis bald!*
à la fin	*am Ende*
à l'instant	*gerade (adv.)*
à travers, traverser	*durch*
aboyer	*bellen*
acheter	*kaufen*
adresse (f)	*Adresse (n), f*
adulte (m)	*Erwachsene (n), m*
aéroport (m)	*Flughafen (¨), m*
Afrique (f)	*Afrika*
âge (m)	*Alter, nt*
ail (m)	*Knoblauch, m*
aimer	*lieben*
aimer bien (adv.)	*gern*
air (m)	*Luft, f*
album (m) de photo	*Fotoalbum (-alben), nt*
Allemagne (f)	*Deutschland*
aller	*gehen*
aller (en voiture)	*fahren*
aller chercher	*holen*
allumer	*an/machen*
Américain (m)	*Amerikaner (-), m*
ami (m)	*Freund (e), m*
amuser, s'~	*Spaß haben*
amuse-toi bien !	*viel Spaß!*
anglais	*englisch*
animal (m)	*Tier (e), nt*
anniversaire (m)	*Geburtstag (e), m*
août	*August*
appareil (m) de photo	*Fotoapparat (e), m*
appartement (m)	*Wohnung (en), f*
appartenir à	*gehören zu*
appeler (au téléphone)	*an/rufen*
appeler, s'~	*heißen*
apporter	*bringen*
apprendre	*lernen*
arbre (m)	*Baum (¨e), m*
arc (m) de triomphe	*Triumphbogen (¨), m*
argent (m)	*Geld (er), nt*
argent (m) de poche	*Taschengeld, nt*
arrêt de bus (m)	*Haltestelle (n), f*
article (m) de sport	*Sportartikel (-), m*
Asie (f)	*Asien*
asseoir, s'~	*setzen, sich ~*
attendre	*warten*
au revoir !	*auf Wiedersehen!*
aujourd'hui	*heute*
aussi	*auch*
automne (m)	*Herbst, m*
autrefois, avant	*früher*
avec	*mit*
avion (m)	*Flugzeug (e), nt*
avoir	*haben*
avoir besoin	*brauchen*
avril	*April*

B

baiser (m)	*Kuss (¨e), m*
ballet (m)	*Ballett (s), nt*
ballon (m) de foot	*Fußball (¨e), m*
banane (f)	*Banane (n), f*
banque (f)	*Bank (en), f*
bateau (m)	*Schiff (e), nt*
battre	*schlagen*
Bavière (f)	*Bayern*
beau	*schön*
beau-frère (m)	*Schwager (-), m*
berger (m) allemand	*Schäferhund (e), m*
bête	*blöd*
beurre (m)	*Butter, f*
bien que	*obwohl*
bien sûr !	*na klar!*
biscuit (m)	*Keks (e), m*
blanc	*weiß*
blanc (m) d'œuf	*Eiweiß, nt*
bleu	*blau*
boire	*trinken*
boisson (f)	*Getränk (e), nt*

boîte (f) de conserve	*Dose (n), f*
bon (m)	*Gutschein (e), m*
botte (f)	*Stiefel (-), m*
bougie (f)	*Kerze (n), f*
boulanger (m)	*Bäcker (-), m*
boule (f)	*Kugel (n), f*
bouteille (f)	*Flasche (n), f*
brun, marron	*braun*
bureau (m) (meuble)	*Schreibtisch (e), m*
bus (m)	*Bus (se), m*

c

cabane (f)	*Hütte (n), f*
cacao (m), chocolat	*Kakao (s), m*
cacher, se ~	*verstecken, sich ~*
café (m) (boisson)	*Kaffee, m*
cage (f)	*Käfig (e), m*
cahier (m)	*Heft (e), nt*
caisse (f)	*Kasse (n), f*
caisse (f), carton (m)	*Kasten (¨), m*
canapé (m)	*Sofa (s), nt*
capitale (f)	*Hauptstadt (¨e), f*
carte postale (f)	*Postkarte (n), f*
casserole (f)	*Topf (¨e), m*
cave (f)	*Keller (-), m*
cd (m)	*CD (s), f*
cd rom (m)	*CD-ROM, f*
ce matin	*heute Morgen*
centre (m) culturel	*Kulturzentrum, nt*
certainement	*bestimmt*
c'est	*das ist*
chaise (f)	*Stuhl (¨e), m*
chambre (f) à coucher	*Schlafzimmer (-), nt*
chambre (f), pièce (f)	*Zimmer (-), nt*
chanson (f)	*Lied (er), nt*
chanter	*singen*
chanteuse (f)	*Sängerin (nen), f*
chapeau	*Hut (¨e)*
chaque fois	*jedes Mal*
charcuterie (f)	*Wurst (sans article)*
chariot (m)	*Einkaufswagen (-), m*
château (m)	*Schloss (¨er), nt*
chaussure (f)	*Schuh (e), m*
chaussure (f) de sport	*Sportschuh (e), m*
chef (m)	*Chef (s), m*
chemise (f)	*Hemd (en), nt*
chemisier (m)	*Bluse (n), f*
cher	*teuer*
chercher	*suchen*
cheval (m)	*Pferd (e), nt*
cheveu (m)	*Haar (e), nt*
chewing-gum (m)	*Kaugummi (s), m*
chez (sans déplacement)	*bei*
chic, élégant	*schick*
chien (m)	*Hund (e), m*
chimie (f)	*Chemie, f*
chocolat (m)	*Schokolade (n), f*
choucroute (f)	*Sauerkraut, nt*
chouette, super	*toll*
cimetière (m)	*Friedhof (¨e), m*
cinéma (m)	*Kino (s), nt*
citron (m)	*Zitrone (n), f*
coca (m)	*Cola (s), f*
combien ?	*wie viel?*
commencer	*beginnen*
comment ?	*wie?*
commode (f)	*Kommode (n), f*
concentré (m) de tomate	*Tomatenmark, nt*
confiture (f)	*Marmelade (n), f*
connaître	*kennen*
content	*froh*
correspondant (m)	*Brieffreund (e), m*
côte (f) salée cuite	*Rippchen (-), nt*
cou (m), gorge (f)	*Hals (¨e), m*
couper	*schneiden*
courrier (m) électronique	*E-Mail (s), f*
cousin (m)	*Cousin (s), m*
cousine (f)	*Cousine (n), f*
coûter	*kosten*
cravate (f)	*Krawatte (n), f*
criminel (m)	*Verbrecher (-), m*
croire	*glauben*
cuillère (f) à soupe	*Esslöffel (-), m*
cuire au four	*backen*
cuire, cuisiner	*kochen*

cuisine (f)	*Küche (n), f*

D

d'accord	*einverstanden*
dangereux	*gefährlich*
dans, dedans	*in*
danser	*tanzen*
de, de la part de	*von*
décembre	*Dezember*
décorer	*schmücken*
défouler, se ~	*aus/toben, sich ~*
déjà	*schon*
déjeuner (m)	*Mittagessen (-), nt*
demain	*morgen*
dentifrice (m)	*Zahncreme, f*
dentiste (m)	*Zahnarzt (¨e), m*
dépêcher, se ~	*beeilen, sich ~*
dernier (m)	*Letzte (n), m*
devoir (m) (école)	*Hausaufgabe (n), f*
dévorer	*fressen (irr.)*
différent	*anders*
difficile	*schwer*
dimanche	*Sonntag*
dinosaure (m)	*Dinosaurier (-), m*
dire	*sagen*
discuter	*diskutieren*
dommage !	*schade!*
donc	*also*
donner	*geben (irr.)*
dormir	*schlafen (irr.)*
d'où ?	*woher?*
durer	*dauern*

E

eau (f)	*Wasser, nt*
école (f)	*Schule (n), f*
écolière (f)	*Schülerin (nen), f*
écouter, entendre	*hören*
église (f)	*Kirche (n), f*
éléphant (m)	*Elefant (en), m*
élève (m)	*Schüler (-), m*
embrasser, s'~	*küssen, sich ~*
en outre	*außerdem*
encore	*noch*
enfant (m)	*Kind (er), nt*
enfin	*endlich*
ennuyeux	*langweilig*
enregistrer	*auf/nehmen (irr.)*
ensemble	*zusammen*
entrée (f)	*Eingang (¨e), m*
envoyer	*schicken*
épouser	*heiraten*
essayer (vêtement)	*an/probieren*
et	*und*
etc.	*usw. (und so weiter)*
été (m)	*Sommer, m*
éteindre	*aus/machen*
étranger (m) (pays)	*Ausland, nt*
être	*sein*
être à la maison	*zu Hause sein*
être assis	*sitzen*
être chauve	*Glatze haben, eine ~*
être couché	*liegen*
être debout	*stehen*
être étonné	*erstaunt sein*
être fini	*vorbei sein*
être sain	*gesund sein*
Euro (m)	*Euro (s), m*
exact, exactement	*genau*
excursion (f)	*Ausflug (¨e), m*
exercice (m)	*Übung (en), f*
expliquer	*erklären*
exprès	*extra*

F

fac (f) (fam.)	*Uni (s), f*
faim (f)	*Hunger, m*
faire	*machen*
faire de la randonnée	*wandern*
faire du cheval	*reiten*
famille (f)	*Familie (n), f*
farine (f)	*Mehl, nt*
fatigué	*müde*
fauteuil (m)	*Sessel (-), m*
fayot (m)	*Streber (-), m*
femme (f)	*Frau (en), f*
femme (f) au foyer	*Hausfrau (en), f*
fenêtre (f)	*Fenster (-), nt*
fer (m)	*Eisen, nt*
ferme (f)	*Bauernhof (¨e), m*
fête (f)	*Fest (e), nt*
février	*Februar*
fille (opposé au garçon)	*Mädchen, nt*

fille (f) (opposé au fils)	*Tochter (¨), f*
fils (m)	*Sohn (¨e), m*
football (m), foot (m)	*Fußball*
forêt (f)	*Wald (¨er), m*
fou	*verrückt*
frais	*frisch*
fraise (f)	*Erdbeere (n), f*
français	*französisch*
Français (m)	*Franzose (n), m*
France (f)	*Frankreich*
frère	*Bruder (¨), m*
fringues (pl)	*Klamotten, pl (fam.)*
froid	*kalt*
fromage (m)	*Käse, m*

G

gagner (jeu)	*gewinnen*
garde-robe (f)	*Garderobe (n), f*
gardien (m)	*Wärter (-), m*
gare (f)	*Bahnhof (¨e), m*
gâteau (m)	*Kuchen (-), m*
gâteau (m) marbré	*Marmorkuchen (-), m*
gens (pl)	*Leute, pl*
gentil	*lieb, nett*
girafe (f)	*Giraffe (n), f*
grand	*groß*
grands-parents (pl)	*Großeltern, pl*
gyrophare (m)	*Blaulicht (er), nt*

H

habiter	*wohnen*
heure (f)	*Stunde (n), f*
heure (f) de cours	*Schulstunde (n), f*
heureusement !	*zum Glück!*
hiver (m)	*Winter (-), m*
homme (m)	*Mann (¨er), m*
hôtel (m)	*Hotel (s), nt*
huile (f)	*Öl, nt*

I

ici	*hier*
idée (f)	*Idee (n), f*
il y a	*es gibt*
île (f)	*Insel (n), f*
impatient	*ungeduldig*
important	*wichtig*
interdit	*verboten*
intéresser à, s'~	*interessieren für, sich ~*
invité (m)	*Gast (¨e), m*

J

janvier	*Januar*
Japonais (m)	*Japaner (-), m*
jaune	*gelb*
jaune (m) d'œuf	*Eigelb, nt*
jeans (m)	*Jeans, pl*
jeu (m)	*Spiel (e), nt*
jeu (m) électronique	*Computerspiel (e), nt*
jeu (m) vidéo	*Videospiel (e), nt*
jeudi	*Donnerstag*
jouets (pl)	*Spielsachen, pl*
joueur (m) de foot	*Fußballer (-), m*
jour (m)	*Tag (e), m*
jour (m) de fête	*Feiertag (e), m*
journal (m)	*Zeitung (en), f*
journal (m) d'école	*Schülerzeitung (en), f*
juillet	*Juli*
juin	*Juni*
jupe (f)	*Rock (¨e), m*
jus (m) d'orange	*Orangensaft (¨e), m*
jusqu'à	*bis*

K

kilo (m)	*Kilo, nt*

L

là	*da*
là-bas	*dort*
lac (m)	*See (n), m*
laid	*hässlich*
laisse-moi tranquille !	*lass mich in Ruhe!*
lait (m)	*Milch, f*
latin (m)	*Latein*
lessive (f) en poudre	*Waschpulver (-), nt*
libre	*frei*
limonade (f)	*Limonade (n), f*
lion (m)	*Löwe (n), m*
liste (f)	*Liste (n), f*
lit (m)	*Bett (en), nt*

livre (m)	*Buch (¨er), nt*
loin	*weit*
long	*lang*
lundi	*Montag*
lycée (m)	*Gymnasium (en), nt*

M

magasin (m)	*Geschäft (¨e), nt*
magasin (m) de sport	*Sportgeschäft (e), nt*
magie (f)	*Zauber, m*
mai	*Mai*
maillot (m) de bain	*Badehose (n), f*
maintenant	*jetzt*
mairie (f)	*Rathaus (¨er), nt*
mais	*aber*
maison (f)	*Haus (¨er), nt*
maîtresse (f) d'école	*Lehrerin (nen), f*
malade	*krank*
malheureusement	*leider*
manger	*essen (irr.)*
marché (m)	*Markt (¨e), m*
marché (m) aux puces	*Flohmarkt (¨e), m*
mardi	*Dienstag*
margarine (f)	*Margarine, f*
mariage (m)	*Hochzeit (en), f*
Maroc (m)	*Marokko*
marrant, rigolo	*lustig*
mars	*März*
masque (m) de plongée	*Taucherbrille (n), f*
mathématique (f)	*Mathematik, f*
maths (pl)	*Mathe*
matière (f) (école)	*Fach (¨er), nt*
matin (m)	*Morgen (-), m*
mauvais	*schlecht*
mauve	*lila (inv.)*
mélange (m)	*Mischung (en), f*
mélanger	*mischen*
même	*selbst, sogar*
mer (f) du Nord	*Nordsee, f*
merci	*danke*
mercredi	*Mittwoch*
mère (f)	*Mutter (¨), f*
métier (m)	*Beruf (e), m*
métro (m)	*U-Bahn (en), f*
mettre debout	*stellen*
mettre la table	*decken (Tisch ~)*
mignon, sucré	*süß*
milieu (m)	*Mitte (n), f*
modèle (m)	*Modell (e), nt*
modern	*modern*
mois (m)	*Monat (e), m*
mon Dieu !	*mein Gott!*
monsieur (m)	*Herr (en), m*
montagne (f)	*Berg (e), m*
montrer	*zeigen*
moto (f)	*Motorrad (¨er), nt*
moule (m) à gâteaux	*Form (en), f*
mourir	*sterben (irr.)*
müesli (m)	*Müsli (s), nt*
multicolore	*bunt*
mur (m)	*Wand (¨e), f*
musée (m)	*Museum (Museen), nt*
musique (f)	*Musik, f*

N

nager	*schwimmen*
nature (f)	*Natur, f*
naturellement	*natürlich*
neige (f)	*Schnee, m*
Nice	*Nizza*
n'importe quoi !	*so ein Quatsch!*
Noël	*Weihnachten*
noir	*schwarz*
nom (m) de famille	*Nachname (n), m*
non	*nein*
note (f)	*Note (n), f*
nouveau	*neu*
novembre	*November*

O

observer	*beobachten*
octobre	*Oktober*
œil (m)	*Auge (n), nt*
œuf (m)	*Ei (er), nt*
offre (f) spéciale	*Sonderangebot (e), nt*
oignon (m)	*Zwiebel (n), f*
oncle (m)	*Onkel (-), m*
opéra (m)	*Oper (n), f*
orange (f)	*Orange (n), f*
ordinateur (m)	*Computer (-), m*
originaire de, sortir	*aus*
ou	*oder*

où ?	*wo?*
oublier	*vergessen (irr.)*
oui	*ja*
ours (m)	*Bär (en), m*
ouvrir	*öffnen*

P

page (f)	*Seite (n), f*
page d'accueil	*Homepage (s), f*
pain (m)	*Brot (e), nt*
palais (m)	*Palast (¨e), m*
panneau (m)	*Schild (er), nt*
pantalon (m)	*Hose (n), f*
paquet (m)	*Paket (e), nt*
parc (m)	*Park (s), m*
parce que	*weil*
pardon !	*Entschuldigung!*
parents (pl)	*Eltern, pl*
paresseux	*faul*
parfum (m)	*Parfum (s), nt*
parler	*sprechen (irr.)*
partir	*weg/fahren (irr.)*
partout	*überall*
passe-temps (m)	*Hobby (s), nt*
passer (le temps)	*verbringen*
pâte (f)	*Teig, m*
peindre	*an/malen*
penché	*schief*
père (m)	*Vater (¨), m*
personne	*niemand*
personne (f)	*Person (en), f*
petit déjeuner (m)	*Frühstück (e), nt*
petite-fille (f)	*Enkelin (nen), f*
petit pain (m)	*Brötchen (-), nt*
petit-fils (m)	*Enkel (-), m*
peur (f)	*Angst (¨e), f*
peut-être	*vielleicht*
phoque (m)	*Seehund (e), m*
photo (f)	*Foto (s), nt*
photographier	*fotografieren*
pièce (f), morceau (m)	*Stück (e), nt*
piscine (f)	*Schwimmbad (¨er), nt*
placard (m)	*Schrank (¨e), m*
plage (f)	*Strand (¨e), m*
plan (m)	*Plan (¨e), m*
plein	*voll*
plonger	*tauchen*
plus rien	*nichts mehr*
plus tard	*nachher*
poisson (m)	*Fisch (e), m*
poivre (m)	*Pfeffer, m*
policier (m)	*Polizist (en), m*
pomme (f) de terre	*Kartoffel (n), f*
port (m)	*Hafen (¨), m*
porter	*tragen (irr.)*
poser (à plat)	*legen*
pot (m)	*Becher (-), m*
poulet (m)	*Hähnchen (-), nt*
pour	*für*
pourquoi ?	*wieso?*
pourquoi ?	*warum?*
pourquoi ?	*weshalb?*
prendre	*nehmen (irr.)*
prendre le petit déjeuner	*frühstücken*
prénom (m)	*Vorname (n), m*
préparer	*vor/bereiten*
prêt	*fertig*
printemps (m)	*Frühling, m*
prix (m)	*Preis (e), m*
problème (m)	*Problem (e), nt*
produit (m)	*Produkt (e), nt*
professeur (m)	*Lehrer (-), m*
promis	*versprochen*
proposition (f)	*Vorschlag (¨e), m*
puis, ensuite	*dann*
pull (m)	*Pulli (s), m*
punition (f) (école)	*Strafarbeit (en), f*

Q

quand même	*trotzdem*
quand ?	*wann?*
que (subordonnée)	*dass*
que, quoi ?	*was?*
quelques	*ein paar*
quelque chose	*etwas*
qui ?	*wer?*

R

radio (f)	*Radio (s), nt*
ramener	*zurück/bringen*
raquette (f)	*Schläger (-), m*
raquette (f) de tennis	*Tennisschläger (-), m*
rayon (m)	*Abteilung (en), f*
recette (f)	*Rezept (e), nt*

recevoir	*bekommen, kriegen*
reconnaître	*erkennen*
réfrigérateur (m)	*Kühlschrank (¨e), m*
regard (m)	*Blick (e), m*
regarde !	*schau mal!*
regarder	*an/sehen*
réjouir, se ~	*freuen, sich ~*
remuer	*rühren*
rencontrer	*treffen (irr.)*
rentrer chez soi	*nach Hause gehen*
reposer, se ~	*aus/ruhen, sich ~*
rester	*bleiben*
retourner	*zurück/gehen*
rêve (m)	*Traum (¨e), m*
rire	*lachen*
robot (m)	*Roboter (-), m*
rollers (pl)	*Inliner, pl*
rose	*rosa (inv.)*
rouge	*rot*
rue (f)	*Straße (n), f*

S

sac (m) à dos	*Rucksack (¨e), m*
sachet (m)	*Päckchen (-), nt*
Saint-Sylvestre (f)	*Silvester*
salade (f)	*Salat (e), m*
salle (f)	*Saal (¨e), m*
salle (f) de bain	*Bad (¨er), nt*
salon (m)	*Wohnzimmer (-), nt*
salon de thé (m)	*Café (s), nt*
salut ! (au revoir)	*Tschüs!*
salut ! (bonjour)	*hallo!*
samedi	*Samstag*
sans	*ohne*
sapin (m)	*Tannenbaum (¨e), m*
sauce (f) tomate	*Tomatensoße (n), f*
saucisse (f)	*Wurst (¨e), f*
sauter	*springen*
savoir	*wissen (irr.)*
savon (m)	*Seife (n), f*
sel (m)	*Salz, nt*
semaine (f)	*Woche (n), f*
septembre	*September*
seulement	*nur*
si (subordonnée)	*ob*
s'il te plaît	*bitte*
singe (m)	*Affe (n), m*
site (m) Internet	*Webseite (n), f*
soir (m)	*Abend (e), m*
soirée (f)	*Party (s), f*
soleil (m)	*Sonne (n), f*
solennel	*festlich*
sortie (f)	*Ausgang (¨e), m*
soudain	*plötzlich*
source (f)	*Quelle (n), f*
spaghetti (pl)	*Spaghetti, pl*
stade (m)	*Stadion (Stadien), nt*
station (f)	*Station (en), f*
studio (m)	*Studio (s), nt*
sucre (m)	*Zucker, m*
sujet (m)	*Thema (Themen), nt*
super, méga	*geil (fam.)*
supermarché (m)	*Supermarkt (¨e), m*
sur	*auf*
surprise (f)	*Überraschung (en), f*

T

tant, tellement	*so viel*
téléviseur (m)	*Fernseher (-), m*
tennis (m)	*Tennis*
tente (f)	*Zelt (e), nt*
thé (m)	*Tee (s), m*
théâtre (m)	*Theater (-), nt*
tigre (m)	*Tiger (-), m*
timbre (m)	*Briefmarke (n), f*
toilette (f)	*Toilette (n), f*
tomate (f)	*Tomate (n), f*
tombe (f)	*Grab (¨er), nt*
toujours	*immer*
tour (f) Eiffel	*Eiffelturm (¨e), m*
touriste (m)	*Tourist (en), m*
tournoi (m)	*Turnier (e), nt*
tout	*alles, ganz*
tout de suite	*sofort*
tout droit	*geradeaus*
train (m)	*Zug (¨e), m*
travail (m)	*Arbeit (en), f*
très	*sehr*
trompe (f)	*Rüssel (-), m*
trop	*zu (devant adjectif)*

trop (adv.)	*zu viel*
trouver	*finden*
t-shirt (m)	*T-Shirt (s), nt*
Turquie (f)	*Türkei, f*

U

université (f)	*Universität (en), f*

V

vacances (pl)	*Ferien, pl*
veille de Noël	*Heilig Abend*
vélo (m)	*Fahrrad (¨er), nt*
vendeur (m)	*Verkäufer (-), m*
vendredi	*Freitag*
venir	*kommen*
vert	*grün*
viande (f)	*Fleisch, nt*
vide	*leer*
vieux	*alt*
village (m)	*Dorf (¨er), nt*
ville (f)	*Stadt (¨e), f*
visite (f)	*Besuch (e), m*
visiter	*besichtigen*
vite, rapide	*schnell*
vivre	*leben*
voir	*sehen (irr.)*
voiture (f) de course	*Rennwagen (-), m*
voler (avion)	*fliegen*
vouloir dire	*meinen, sagen*
voyage (m)	*Reise (n), f*
vrai, juste	*richtig*

Y

yaourt (m)	*Joghurt (s), m ou nt*

Z

zoo (m)	*Zoo (s), m*
zut !	*Mist!*

Lexique allemand/français

A

Abend (e), m — *soir (m)*
aber — *mais*
Abteilung (en), f — *rayon (m)*
Achtung! — *Attention !*
Adresse (n), f — *adresse (f)*
Affe (n), m — *singe (m)*
Afrika — *Afrique (f)*
alles — *tout*
also — *donc*
alt — *vieux*
Alter, nt — *âge (m)*
am Ende — *à la fin*
Amerikaner (-), m — *Américain (m)*
an/machen — *allumer*
an/malen — *peindre*
an/probieren — *essayer (vêtement)*
an/rufen — *appeler (au téléphone)*
an/sehen — *regarder*
anders — *différent*
Angst (¨e), f — *peur (f)*
April — *avril*
Arbeit (en), f — *travail (m)*
Asien — *Asie (f)*
auch — *aussi*
auf — *sur*
auf Wiedersehen! — *au revoir !*
auf/nehmen (irr.) — *enregistrer*
Auge (n), nt — *œil (m)*
August — *août*
aus — *originaire de, sortir*
aus/machen — *éteindre*
aus/ruhen, sich ~ — *reposer, se ~*
aus/toben, sich ~ — *défouler, se ~*
Ausflug (¨e), m — *excursion (f)*
Ausgang (¨e), m — *sortie (f)*
Ausland, nt — *étranger (m) (pays)*
außerdem — *en outre*

B

backen — *cuire au four*
Bäcker (-), m — *boulanger (m)*
Bad (¨er), nt — *salle (f) de bain*
Badehose (n), f — *maillot (m) de bain*
Bahnhof (¨e), m — *gare (f)*
Ballett (s), nt — *ballet (m)*
Banane (n), f — *banane (f)*
Bank (en), f — *banque (f)*
Bär (en), m — *ours (m)*
Bauernhof (¨e), m — *ferme (f)*
Baum (¨e), m — *arbre (m)*
Bayern — *Bavière (f)*
Becher (-), m — *pot (m)*
beeilen, sich ~ — *dépêcher, se ~*
beginnen — *commencer*
bei — *chez (sans déplacement)*
bekommen — *recevoir*
bellen — *aboyer*
beobachten — *observer*
Berg (e), m — *montagne (f)*
Beruf (e), m — *métier (m)*
besichtigen — *visiter*
bestimmt — *certainement*
Besuch (e), m — *visite (f)*
Bett (en), nt — *lit (m)*
bis — *jusqu'à*
bis bald! — *à bientôt !*
bitte — *s'il te plaît*
blau — *bleu*
Blaulicht (er), nt — *gyrophare (m)*
bleiben — *rester*
Blick (e), m — *regard (m)*
blöd — *bête*
Bluse (n), f — *chemisier (m)*
brauchen — *avoir besoin*
braun — *brun, marron*
Brieffreund (e), m — *correspondant (m)*
Briefmarke (n), f — *timbre (m)*
bringen — *apporter*
Brot (e), nt — *pain (m)*
Brötchen (-), nt — *petit pain (m)*
Bruder (¨), m — *frère*
Buch (¨er), nt — *livre (m)*
bunt — *multicolore*

Bus (se), m	*bus (m)*
Butter, f	*beurre (m)*

C

Café (s), nt	*salon de thé (m)*
CD (s), f	*cd (m)*
CD-ROM, f	*cd rom (m)*
Chef (s), m	*chef (m)*
Chemie, f	*chimie (f)*
Cola (s), f	*coca (m)*
Computer (-), m	*ordinateur (m)*
Computerspiel (e), nt	*jeu (m) électronique*
Cousin (s), m	*cousin (m)*
Cousine (n), f	*cousine (f)*

D

da	*là*
danke	*merci*
dann	*puis, ensuite*
das ist	*c'est*
dass	*que (subordonnée)*
dauern	*durer*
decken (Tisch ~)	*mettre la table*
Deutschland	*Allemagne (f)*
Dezember	*décembre*
Dienstag	*mardi*
Dinosaurier (-), m	*dinosaure (m)*
diskutieren	*discuter*
Donnerstag	*jeudi*
Dorf (¨er), nt	*village (m)*
dort	*là-bas*
Dose (n), f	*boîte (f) de conserve*
durch	*à travers, traverser*

E

Ei (er), nt	*œuf (m)*
Eiffelturm (¨e), m	*tour (f) Eiffel*
Eigelb, nt	*jaune (m) d'œuf*
Eingang (¨e), m	*entrée (f)*
Einkaufswagen (-), m	*chariot (m)*
ein paar	*quelques*
einverstanden	*d'accord*
Eisen, nt	*fer (m)*
Eiweiß, nt	*blanc (m) d'œuf*
Elefant (en), m	*éléphant (m)*
Eltern, pl	*parents (pl)*
E-Mail (s), f	*courrier (m) électronique*
endlich	*enfin*
englisch	*anglais*
Enkel (-), m	*petit-fils (m)*
Enkelin (nen), f	*petite-fille (f)*
Entschuldigung!	*pardon !*
Erdbeere (n), f	*fraise (f)*
erholen, sich ~	*reposer, se ~*
erkennen	*reconnaître*
erklären	*expliquer*
erstaunt sein	*être étonné*
Erwachsene (n), m	*adulte (m)*
es gibt	*il y a*
essen (irr.)	*manger*
Esslöffel (-), m	*cuillère (f) à soupe*
etwas	*quelque chose*
Euro (s), m	*Euro (m)*
extra	*exprès*

F

Fach (¨er), nt	*matière (f) (école)*
fahren	*aller (en voiture)*
Fahrrad (¨er), nt	*vélo (m)*
Familie (n), f	*famille (f)*
faul	*paresseux*
Februar	*février*
Feiertag (e), m	*jour (m) de fête*
Fenster (-), nt	*fenêtre (f)*
Ferien, pl	*vacances (pl)*
Fernseher (-), m	*téléviseur (m)*
fertig	*prêt*
Fest (e), nt	*fête (f)*
festlich	*solennel*
finden	*trouver*
Fisch (e), m	*poisson (m)*
Flasche (n), f	*bouteille (f)*
Fleisch, nt	*viande (f)*
fliegen	*voler (avion)*
Flohmarkt (¨e), m	*marché (m) aux puces*
Flughafen (¨), m	*aéroport (m)*
Flugzeug (e), nt	*avion (m)*
Form (en), f	*moule (m) à gâteaux*
Foto (s), nt	*photo (f)*
Fotoalbum (alben), nt	*album (m) de photo*
Fotoapparat (e), m	*appareil (m) de photo*

fotografieren	*photographier*
Frankreich	*France (f)*
Franzose (n), m	*Français (m)*
französisch	*français*
Frau (en), f	*femme (f)*
frei	*libre*
Freitag	*vendredi*
fressen (irr.)	*dévorer*
freuen, sich ~	*réjouir, se ~*
Freund (e), m	*ami (m)*
Friedhof (¨e), m	*cimetière (m)*
frisch	*frais*
froh	*content*
früher	*autrefois, avant*
Frühling, m	*printemps (m)*
Frühstück (e), nt	*petit déjeuner (m)*
frühstücken	*prendre le petit déjeuner*
für	*pour*
Fußball	*football (m), le foot*
Fußball (¨e), m	*ballon (m) de foot*
Fußballer (-), m	*joueur (m) de foot*

G

ganz	*tout*
Garderobe (n), f	*garde-robe (f)*
Gast (¨e), m	*invité (m)*
geben (irr.)	*donner*
Geburtstag (e), m	*anniversaire (m)*
gefährlich	*dangereux*
gehen	*aller*
gehören zu	*appartenir à*
geil (fam.)	*super, méga*
gelb	*jaune*
Geld (er), nt	*argent (m)*
genau	*exact, exactement*
gerade *(adv.)*	*à l'instant*
geradeaus	*tout droit*
gern	*aimer bien (adv.)*
Geschäft (¨e), nt	*magasin (m)*
gesund sein	*être sain*
Getränk (e), nt	*boisson (f)*
gewinnen	*gagner (jeu)*
Giraffe (n), f	*girafe (f)*
Glatze haben, eine ~	*être chauve*
glauben	*croire*
Grab (¨er), nt	*tombe (f)*
groß	*grand*
Großeltern, pl	*grands-parents (pl)*
grün	*vert*
Gutschein (e), m	*bon (m)*
Gymnasium (en), nt	*lycée (m)*

H

Haar (e), nt	*cheveu (m)*
haben	*avoir*
Hafen (¨), m	*port (m)*
Hähnchen (-), nt	*poulet (m)*
hallo	*salut*
Hals (¨e), m	*cou (m), gorge (f)*
Haltestelle (n), f	*arrêt de bus (m)*
hässlich	*laid*
Hauptstadt (¨e), f	*capitale (f)*
Haus (¨er), nt	*maison (f)*
Hausaufgabe (n), f	*devoir (m) (école)*
Hausfrau (en), f	*femme (f) au foyer*
Heft (e), nt	*cahier (m)*
Heilig Abend	*veille de Noël*
heiraten	*épouser*
heißen	*appeler, s'~*
Hemd (en), nt	*chemise (f)*
Herbst, m	*automne (m)*
Herr (en), m	*monsieur (m)*
heute	*aujourd'hui*
heute Morgen	*ce matin*
hier	*ici*
Hobby (s), nt	*passe-temps (m)*
Hochzeit (en), f	*mariage (m)*
holen	*aller chercher*
Homepage (s), f	*page d'accueil*
hören	*écouter, entendre*
Hose (n), f	*pantalon (m)*
Hotel (s), nt	*hôtel (m)*
Hund (e), m	*chien (m)*
Hunger, m	*faim (f)*
Hut (¨e)	*chapeau*
Hütte (n), f	*cabane (f)*

I

Idee (n), f	*idée (f)*
immer	*toujours*
in	*dans, dedans*
Inliner, pl	*rollers (pl)*
Insel (n), f	*île (f)*
interessieren für, sich ~	*intéresser à, s'~*

J

ja	*oui*
Januar	*janvier*
Japaner (-), m	*Japonais (m)*
Jeans, pl	*jeans (m)*
jedes Mal	*chaque fois*
jetzt	*maintenant*
Joghurt (s), m ou nt	*yaourt (m)*
Juli	*juillet*
Juni	*juin*

K

Kaffee, m	*café (m) (boisson)*
Käfig (e), m	*cage (f)*
Kakao (s), m	*cacao (m), chocolat*
kalt	*froid*
Kartoffel (n), f	*pomme (f) de terre*
Käse, m	*fromage (m)*
Kasse (n), f	*caisse (f)*
Kasten (¨), m	*caisse (f), carton (m)*
kaufen	*acheter*
Kaugummi (s), m	*chewing-gum (m)*
Keks (e), m	*biscuit (m)*
Keller (-), m	*cave (f)*
kennen	*connaître*
Kerze (n), f	*bougie (f)*
Kilo, nt	*kilo (m)*
Kind (er), nt	*enfant (m)*
Kino (s), nt	*cinéma*
Kirche (n), f	*église (f)*
Klamotten, pl (fam.)	*fringues (pl)*
Knoblauch, m	*ail (m)*
kochen	*cuire, cuisiner*
kommen	*venir*
Kommode (n), f	*commode (f)*
kosten	*coûter*
krank	*malade*
Krawatte (n), f	*cravate (f)*
kriegen	*recevoir*
Küche (n), f	*cuisine (f)*
Kuchen (-), m	*gâteau (m)*
Kugel (n), f	*boule (f)*
Kühlschrank (¨e), m	*réfrigérateur (m)*
Kulturzentrum, nt	*centre (m) culturel*
Kuss (¨e), m	*baiser (m)*
küssen, sich ~	*embrasser, s'~*

L

lachen	*rire*
lang	*long*
langweilig	*ennuyeux*
lass mich in Ruhe!	*laisse-moi tranquille !*
Latein	*latin (m)*
leben	*vivre*
leer	*vide*
legen	*poser (à plat)*
Lehrer (-), m	*professeur (m)*
Lehrerin (nen), f	*maîtresse (f) d'école*
leider	*malheureusement*
Lektion	*leçon*
lernen	*apprendre*
Letzte (n), m	*dernier (m)*
Leute, pl	*gens (pl)*
lieb	*gentil*
lieben	*aimer*
Lied (er), nt	*chanson (f)*
liegen	*être couché*
lila (inv.)	*mauve*
Limonade (n), f	*limonade (f)*
Liste (n), f	*liste (f)*
Löwe (n), m	*lion (m)*
Luft, f	*air (m)*
lustig	*marrant, rigolo*

M

machen	*faire*
Mädchen, nt	*fille (opposé au garçon)*
Mai	*mai*
Mann (¨er), m	*homme (m)*
Margarine, f	*margarine (f)*
Markt (¨e), m	*marché (m)*
Marmelade (n), f	*confiture (f)*
Marmorkuchen (-), m	*gâteau (m) marbré*
Marokko	*Maroc (m)*
März	*mars*
Mathe	*maths (pl)*
Mathematik, f	*mathématique (f)*
Mehl, nt	*farine (f)*

mein Gott!	*mon Dieu !*
meinen	*vouloir dire*
Milch, f	*lait (m)*
mischen	*mélanger*
Mischung (en), f	*mélange (m)*
Mist!	*zut !*
mit	*avec*
Mittagessen (-), nt	*déjeuner (m)*
Mitte (n), f	*milieu (m)*
Mittwoch	*mercredi*
Modell (e), nt	*modèle (m)*
modern	*modern*
Monat (e), m	*mois (m)*
Montag	*lundi*
morgen	*demain*
Morgen (-), m	*matin (m)*
Motorrad (¨er), nt	*moto (f)*
müde	*fatigué*
Museum (Museen), nt	*musée (m)*
Musik, f	*musique (f)*
Müsli (s), nt	*müesli (m)*
Mutter (¨), f	*mère (f)*

N

na klar!	*bien sûr !*
nach Hause gehen	*rentrer chez soi*
nachher	*plus tard*
Nachname (n), m	*nom (m) de famille*
Natur, f	*nature (f)*
natürlich	*naturellement*
nehmen (irr.)	*prendre*
nein	*non*
nett	*gentil, sympa*
neu	*nouveau*
nichts	*rien*
nichts mehr	*plus rien*
niemand	*personne*
Nizza	*Nice*
noch	*encore*
Nordsee, f	*mer (f) du Nord*
Note (n), f	*note (f)*
November	*novembre*
nur	*seulement*

O

ob	*si (subordonnée)*
obwohl	*bien que*
oder	*ou*
öffnen	*ouvrir*
ohne	*sans*
Oktober	*octobre*
Öl, nt	*huile (f)*
Onkel (-), m	*oncle (m)*
Oper (n), f	*opéra (m)*
Orange (n), f	*orange (f)*
Orangensaft (¨e), m	*jus (m) d'orange*
O-Saft (¨e), m	*jus (m) d'orange*

P

Päckchen (-), nt	*sachet (m)*
Paket (e), nt	*paquet (m)*
Palast (¨e), m	*palais (m)*
Parfum (s), nt	*parfum (m)*
Park (s), m	*parc (m)*
Party (s), f	*soirée (f)*
Pause	*récréation*
Person (en), f	*personne (f)*
Pfeffer, m	*poivre (m)*
Pferd (e), nt	*cheval (m)*
Plan (¨e), m	*plan (m)*
plötzlich	*soudain*
Polizist (en), m	*policier (m)*
Postkarte (n), f	*carte postale (f)*
Preis (e), m	*prix (m)*
Problem (e), nt	*problème (m)*
Produkt (e), nt	*produit (m)*
Pulli (s), m	*pull (m)*

Q

Quelle (n), f	*source (f)*

R

Radio (s), nt	*radio (f)*
Rathaus (¨er), nt	*mairie (f)*
Reise (n), f	*voyage (m)*
reiten	*faire du cheval*
Rennwagen (-), m	*voiture (f) de course*
Rezept (e), nt	*recette (f)*
richtig	*vrai, juste*
Rippchen (-), nt	*côte (f) salée cuite*
Roboter (-), m	*robot (m)*
Rock (¨e), m	*jupe (f)*
rosa (inv.)	*rose*
rot	*rouge*
Rucksack (¨e), m	*sac (m) à dos*
rühren	*remuer*
Rüssel (-), m	*trompe (f)*

S

Saal (¨e), m	*salle (f)*
sagen	*dire*
Salat (e), m	*salade (f)*
Salz, nt	*sel (m)*
Samstag	*samedi*
Sängerin (nen), f	*chanteuse (f)*
Sauerkraut, nt	*choucroute (f)*
schade!	*dommage !*
Schäferhund (e), m	*berger (m) allemand*
schau mal!	*regarde !*
schick	*chic, élégant*
schicken	*envoyer*
schief	*penché*
Schiff (e), nt	*bateau (m)*
Schild (er), nt	*panneau (m)*
schlafen (irr.)	*dormir*
Schlafzimmer (-), nt	*chambre (f) à coucher*
schlagen	*battre*
Schläger (-), m	*raquette (f)*
schlecht	*mauvais*
Schloss (¨er), nt	*château (m)*
schmücken	*décorer*
Schnee, m	*neige (f)*
schneiden	*couper*
schnell	*vite, rapide*
Schokolade (n), f	*chocolat (m)*
schon	*déjà*
schön	*beau*
Schrank (¨e), m	*placard (m)*
Schreibtisch (e), m	*bureau (m) (meuble)*
Schuh (e), m	*chaussure (f)*
Schule (n), f	*école (f)*
Schüler (-), m	*élève (m)*
Schülerin (nen), f	*écolière (f)*
Schülerzeitung (en), f	*journal (m) d'école*
Schulstunde (n), f	*heure (f) de cours*
Schwager (-), m	*beau-frère (m)*
schwarz	*noir*
schwer	*difficile*
Schwimmbad (¨er), nt	*piscine (f)*
schwimmen	*nager*
See (n), m	*lac (m)*
Seehund (e), m	*phoque (m)*
sehen (irr.)	*voir*
sehr	*très*
Seife (n), f	*savon (m)*
sein	*être*
Seite (n), f	*page (f)*
selbst	*même*
September	*septembre*
Sessel (-), m	*fauteuil (m)*
setzen, sich ~	*asseoir, s'~*
Silvester	*Saint-Sylvestre (f)*
singen	*chanter*
sitzen	*être assis*
so ein Quatsch!	*n'importe quoi !*
so viel	*tant, tellement*
Sofa (s), nt	*canapé (m)*
sofort	*tout de suite*
sogar	*même*
Sohn (¨e), m	*fils (m)*
Sommer, m	*été (m)*
Sonderangebot (e), nt	*offre (f) spéciale*
Sonne (n), f	*soleil (m)*
Sonntag	*dimanche*
Spaghetti, pl	*spaghetti (pl)*
Spaß haben	*amuser, s'~*
Spiel (e), nt	*jeu (m)*
Spielsachen, pl	*jouets (pl)*
Sportartikel (-), m	*article (m) de sport*
Sportgeschäft (e), nt	*magasin (m) de sport*
Sportschuh (e), m	*chaussure (f) de sport*
sprechen (irr.)	*parler*
springen	*sauter*
Stadion (Stadien), nt	*stade (m)*
Stadt (¨e), f	*ville (f)*
Station (en), f	*station (f)*
stehen	*être debout*
stellen	*mettre debout*
sterben (irr.)	*mourir*
Stiefel (-), m	*botte (f)*
Strafarbeit (en), f	*punition (f) (école)*
Strand (¨e), m	*plage (f)*
Straße (n), f	*rue (f)*
Streber (-), f	*fayot (m)*

Stück (e), nt	*pièce (f), morceau (m)*
Studio (s), nt	*studio (m)*
Stuhl (¨e), m	*chaise (f)*
Stunde (n), f	*heure (f)*
suchen	*chercher*
Supermarkt (¨e), m	*supermarché (m)*
süß	*mignon, sucré*

T

Tag (e), m	*jour (m)*
Tannenbaum (¨e), m	*sapin (m)*
tanzen	*danser*
Taschengeld, nt	*argent (m) de poche*
tauchen	*plonger*
Taucherbrille (n), f	*masque (m) de plongée*
Tee (s), m	*thé (m)*
Teig, m	*pâte (f)*
Tennis	*tennis (m)*
Tennisschläger (-), m	*raquette (f) de tennis*
teuer	*cher*
Theater (-), nt	*théâtre (m)*
Thema (Themen), nt	*sujet (m)*
Tier (e), nt	*animal (m)*
Tiger (-), m	*tigre (m)*
Tochter (¨), f	*fille (f) (opposé au fils)*
Toilette (n), f	*toilette (f)*
toll	*chouette, super*
Tomate (n), f	*tomate (f)*
Tomatenmark, nt	*concentré (m) de tomate*
Tomatensoße (n), f	*sauce (f) tomate*
Topf (¨e), m	*casserole (f)*
Tourist (en), m	*touriste (m)*
tragen (irr.)	*porter*
Traum (¨e), m	*rêve (m)*
treffen (irr.)	*rencontrer*
trinken	*boire*
Triumphbogen (¨), m	*arc (m) de triomphe*
trotzdem	*quand même*
Tschüs!	*Salut ! (au revoir)*
T-Shirt (s), nt	*t-shirt (m)*
Türkei, f	*Turquie (f)*
Turnier (e), nt	*tournoi (m)*

U

U-Bahn (en), f	*métro (m)*
überall	*partout*
Überraschung (en), f	*surprise (f)*
Übung (en), f	*exercice (m)*
und	*et*
ungeduldig	*impatient*
Uni (s), f	*fac (f)*
Universität (en), f	*université (f)*
usw. (und so weiter)	*etc.*

V

Vater (¨), m	*père (m)*
verboten	*interdit*
Verbrecher (-), m	*criminel (m)*
verbringen	*passer (le temps)*
vergessen (irr.)	*oublier*
Verkäufer (-), m	*vendeur (m)*
verrückt	*fou*
versprochen	*promis*
verstecken, sich ~	*cacher, se ~*
Videospiel (e), nt	*jeu (m) vidéo*
viel Spaß!	*amuse-toi bien !*
vielleicht	*peut-être*
Vokabular	*vocabulaire*
voll	*plein*
von	*de, de la part de*
vor/bereiten	*préparer*
vorbei sein	*être fini*
Vorname (n), m	*prénom (m)*
Vorschlag (¨e), m	*proposition (f)*

W

Wald (¨er), m	*forêt (f)*
Wand (¨e), f	*mur (m)*
wandern	*faire de la randonnée*
wann?	*quand ?*
warten	*attendre*
Wärter (-), m	*gardien (m)*
Warum?	*pourquoi ?*
was?	*que, quoi ?*
Waschpulver (-), nt	*lessive (f) en poudre*
Wasser, nt	*eau (f)*

Webseite (n), f	*site (m) Internet*
weg/fahren (irr.)	*partir*
Weihnachten	*Noël*
weil	*parce que*
weiß	*blanc*
weit	*loin*
Wer?	*qui ?*
weshalb?	*pourquoi ?*
wichtig	*important*
wie viel?	*combien ?*
Wie?	*comment ?*
wieso?	*pourquoi ?*
Winter (-), m	*hiver (m)*
wissen (irr.)	*savoir*
Witz	*blague*
wo?	*où ?*
Woche (n), f	*semaine (f)*
woher?	*d'où ?*
wohnen	*habiter*
Wohnung (en), f	*appartement (m)*
Wohnzimmer (-), nt	*salon (m)*
Wurst (¨e), f	*saucisse (f)*
Wurst (sans article)	*charcuterie (f)*

Z

Zahnarzt (¨e), m	*dentiste (m)*
Zahncreme (en), f	*dentifrice (m)*
Zauber, m	*magie (f)*
zeigen	*montrer*
Zeitung (en), f	*journal (m)*
Zelt (e), nt	*tente (f)*
Zimmer (-), nt	*chambre (f), pièce (f)*
Zitrone (n), f	*citron (m)*
Zoo (s), m	*zoo (m)*
zu (devant adjectif)	*trop*
zu Hause sein	*être à la maison*
zu viel	*trop*
Zucker, m	*sucre (m)*
Zug (¨e), m	*train (m)*
zum Glück!	*heureusement !*
zurück/bringen	*ramener*
zurück/gehen	*retourner*
zusammen	*ensemble*
Zwiebel (n), f	*oignon (m)*

solutions des exercices et jeux

Leçon 1

Ü1: 1. Ich bin ... / 2. Sie ist ... / 3. Er ist ... / 4. Sie sind ...

Ü2: 1. Er ist Mathias. / 2. Sie ist Sylvia. / 3. Wer ist er? / 4. Sie sind Marianne und Claudia. / 5. Ich bin Paul. / 6. Bist du Axel? / 7. Wer seid ihr?

Ü3: 1. Guten Abend / 2. Guten Morgen / 3. Guten Tag

Leçon 2

Ü1: ich wohne / du wohnst / er wohnt / wir wohnen / ihr wohnt / sie wohnen

ich komme / du kommst / er kommt / wir kommen / ihr kommt / sie kommen

Ü2: Sie heißt Madonna. / Er heißt Jacques Chirac. / Sie heißen Michael und Ralf Schumacher. / Er heißt Zinédine Zidane.

Ü3: 1. Was macht Karin? / 2. Wir gehen ins Kino. / 3. Geht ihr auch ins Kino? / 4. Andy und Sabine sind in Berlin. / 5. Du kommst auch. / 6. Wie heißt er? / 7. Seid ihr Marianna und Sylvie? / 8. Hallo Sven. Was machst du?

Leçon 3

Ü1: 1. der Tag / 2. diese Stadt / 3. die Bank / 4. das Café / 5. dieser Park / 6. der Kaffee / 7. dieser Computer / 8. die Kinder / 9. diese Kirche / 10. der Bus / 11. die Haltestelle / 12. die Straße

Ü2: 1. eine Frau / 2. eine Stadt / 3. ein Supermarkt / 4. ein Bus / 5. Kinder / 6. ein Herr / 7. ein Café / 8. eine Straße

Ü3: der – ein / die – eine / das – ein / die – *rien*

Pause: Kirche – Café – Straße – Haus – Bank – Bus – Stadt : RATHAUS

Leçon 4

Ü1: 1. Wer spielt das Computerspiel? / 2. Was spielen die Kinder? / 3. Wer gewinnt das Spiel? / 4. Wer ist der Junge? / 5. Was passiert? / 6. Wer spielt gegen Sven?

Ü2: 1. Das ist ein Computer. / 2. Das ist ein Haus. / 3. Das ist ein Bus. / 4. Das ist ein Radio.

Ü3: 1. Die E-Mail Adresse von Sandra ist: sandra.kusatif@kabel.de / 2. Birgit und Sandra machen eine Arbeit über Berlin. / 3. Die Webseite heißt: www.berlin.de / 4. Er macht eine Arbeit über München. / 5. Die Fotos sind toll.

Leçon 6

Ü1: 1. haben – haben / 2. hat – hat / 3. habt – haben / 4. hast – habe / 5. hat – hat

Pause: die Schokolade / das Spiel / die Limonade / das Radio / die CD / die Musik / das Eis / das Buch

Ü2: 1. es / 2. sie / 3. er / 4. es / 5. sie / 6. er / 7. sie

Leçon 7

Ü1: 1. nach / 2. in / 3. nach / 4. nach / 5. in / 6. nach / 7. in

Ü2: 1. Er ist in Paris. / 2. Paris ist in Frankreich. / 3. Paris ist toll. / 4. Manfred geht nach Versailles. / 5. In Versailles ist ein Schloss.

Leçon 8

Ü1: 1. Morgen spielen die Kinder Fußball. *ou* Die Kinder spielen morgen Fußball. / 2. Vielleicht geht das Mädchen ins Schwimmbad. *ou* Das Mädchen geht vielleicht ins Schwimmbad. / 3. Heute gehen Thomas und Heike ins Theater. *ou* Thomas und Heike gehen heute ins Theater. / 4. Jetzt höre ich Musik. *ou* Ich höre jetzt Musik.

Ü2: 1. Ich gehe jetzt in die Stadt. *ou* Jetzt gehe ich in die Stadt. / 2. Ein Freund kommt heute. *ou* Heute kommt ein Freund. / 3. Die Kinder machen morgen eine Party. *ou* Morgen machen die Kinder eine Party. / 4. Der Mann sucht vielleicht die Straße. *ou* Vielleicht sucht der Mann die Straße. / 5. Ich trinke jetzt eine Limonade. *ou* Jetzt trinke ich eine Limonade.

Ü3: ist / wohnt / kommt / spielen / ist / spielt / hört / hat / hört / spielen / ist / hat / gewinnt → *le verbe conjugué se trouve en deuxième position !*

Leçon 9

Ü1: 2,25 €: zwei Euro fünfundzwanzig / 0,85 Euro: fünfundachtzig Cents / 2,55 €: zwei Euro fünfundfünfzig / 2,15 €: zwei Euro fünfzehn / 3,69 €: drei Euro neunundsechzig / 4,75 €: vier Euro fünfundsiebzig /

Ü2: 1. 145 / 2. 572 / 3. 900 / 4. 437 / 5. 0

Pause 1: 1. Ich heiße ... / 2. Ich wohne in ... / 3. Ich bin ... / 4. Mein Geburtstag ist der ... / 5. Meine Telefonnummer ist ... / 6. Ich arbeite ...

Pause 2: 1. 1789: siebzehnhundertneunundachtzig / 2. 1967: neunzehnhundertsieben-undsechzig / 3. 1989: neunzehnhundertneunundachtzig / 4. 1895: achtzehnhundert-fünfundneunzig / 5. 1945: neunzehnhundertfünfundvierzig

Leçon 10

Pause: 15 NOMINATIF et 7 ACCUSATIF.

Ü1: 1. Gaby macht heute das Mittagessen. / 2. Gaby kocht (macht) Spaghetti mit Tomatensoße. / 3. Sie nimmt eine Dose Tomatenmark. / 4. Gaby öffnet die Dose. / 5. Gaby holt einen Topf. / 6. Sie schneidet die Zwiebeln. / 7. Die Mutter kommt nach Hause.

Ü2: 1. Die Familie kauft einen Computer. / 2. Der Junge nimmt das Buch. / 3. Die Mutter trinkt einen Kaffee. / 4. Die Kinder haben heute ein Turnier. / 5. Das Mädchen hat einen Onkel in Köln. / 6. Der Lehrer sucht die Kinder.

Leçon 11

Ü1: 1. sein / 2. ihre / 3. ihren / 4. euer / 5. seine / 6. unseren / 7. ihre / 8. Ihr

Ü2: 1. Mein Lehrer kauft ein Heft. / 2. Wie heißt Ihre Schule, Herr Schneider? / 3. Unsere Lehrerin hat einen Hund. / 4. Sie machen ihre Übungen. / 5. Sie nimmt ihr Englischbuch und macht ihre Hausaufgaben.

Pause: das Englischbuch / das Fußballspiel / das Hausaufgabenheft / das Zitroneneis / die Kakaoflasche / der Milchkaffee / der Deutschlehrer / der Kartoffelsalat / die Tomatendose / die Spaghettisoße *(bien sûr, il y avait d'autres possibilités :* der Englischlehrer, die Tomatensoße...*)*

Leçon 12

Ü1: 1. Der Lehrer sagt, die Kinder sollen ihre Hausaufgaben für Dienstag machen. / 2. Wir müssen unser Heft nehmen, um die Übung zu schreiben. / 3. Am Sonntag will sie ins Kino gehen. / 4. Ich möchte dieses Museum besichtigen, um Dinosaurier zu sehen. / 5. Er kann einen Wagen fahren. / 6. Klaus darf seinen Fotoapparat mitbringen. / 7. Wir mögen unseren Lehrer.

Ü2: 1. darf / 2. sollst / 3. will / 4. möchten / 5. kann / 6. will (möchte) / 7. mag *(d'autres solutions sont possibles :* Kann ich am Montag ins Kino gehen? Darf ich am Montag ins Kino gehen...*)*

Pause: Museum / Zoo / Berlin / Dienstag / Fotos / Rathaus / Flughafen : SONNTAG

Leçon 14

Ü1: 1. einem / 2. meiner / 3. einem / 4. ihrem / 5. dem / 6. dem, der, der

Ü2: 1. Morgen will die Mutter einkaufen. *ou* Die Mutter will morgen einkaufen. / 2. Heute Nachmittag rufe ich meinen Freund an. *ou* Ich rufe heute Nachmittag meinen Freund an. / 3. Kannst du den Computer anmachen? / 4. Um 8 Uhr machen wir das Radio aus. *ou* Wir machen um 8 Uhr das Radio aus. / 5. Ich gehe in den Supermarkt und (ich) kaufe ein.

Ü3: Frühstück / dem / Frankreich / an / seiner *ou* der / decken / Brot, Brötchen, Käse / Stück / gern / schläft

Pause: Milch / Kaffee / Wurst / Butter / Margarine / Marmelade / O-Saft / Ei / Brot / Käse / Tomate / Brötchen / Salz

Leçon 15

Ü1: 1. ein, neues / 2. wichtig / 3. schwarze, schön / 4. einen, rosa / 5. gelbe, klein / 6. grüne, blauen / 7. toll

Ü2: 1. Mein Freund kauft das rote Hemd nicht. / 2. Ich will kein Kleid. Ein Kleid ist nicht schön. / 3. Das Mädchen will den grünen Rock nicht tragen. / 4. Arno macht seinen Computer nicht aus. / 5. Iris hat keine schönen Klamotten. / 6. Wir gehen (fahren) nicht nach München.

Pause 1: 1c / 2a / 3b / 4f / 5d / 6e

Pause 2: Rock, modern / Termin, wichtig / Eiffelturm, groß / Übung, richtig / Pyramiden, alt / Hexe, hässlich

Leçon 16

Ü1: 1. durch, ein / 2. für, sein / 3. gegen, einen, neuen / 4. um / 5. ohne, einen, neuen

Ü2: 1. Das Mädchen kommt ohne sein neues Fahrrad. / 2. Er will eine neue Badehose für das Schwimmbad kaufen. / 3. Am Sonntag spielt Frankreich gegen die Türkei. / 4. Wir frühstücken um 9 Uhr. / 5. Der Wagen fährt um das Haus.

Ü3: 1. kauf / 2. mach / 3. holen Sie / 4. nimm, lies / 5. kommen Sie / 6. macht

Pause: 1. Badehose / 2. Ball / 3. Pferd / 4. Schläger

Leçon 17

Ü1: 1. aus, aus / 2. zu, dem / 3. mit, ihrem (ihren, *si pluriel !)*, mit, dem / 4. bei, einer, französischen / 5. nach, von / 6. mit, den, bei / 7. seit / 8. aus, den, aus, den / 9. zu, seinem / 10. aus / 11. nach, den, nach zu, seinen

Ü2: 1. der Louvre / 2. die Sacré Coeur / 3. die Oper / 4. die Champs Élysées *(pl.)* / 5. der Flohmarkt / 6. der Triumphbogen / 7. die Notre Dame

Ü3: 1. französische / 2. italienischer / 3. Spanien / 4. österreichische / 5. Amerikanerin / 6. chinesische / 7. Engländer / 8. türkische / 9. Franzose, französische / 10. der Schweiz / 11. Tokio

Leçon 18

Ü1: 1. ob, fahren / 2. dass, darf / 3. obwohl, nimmt / 4. weil, will / 5. dass, ist / 6. weil, hat / 7. ob, gehen / 8. obwohl, hat

Ü2: 1. Sie interessieren sich für... ou Sie interessiert sich für... / 2. Die Kinder wollen sich mit ihren Eltern entspannen. / 3. ..., weil ich mich zu Hause ausruhe. / 4. Wir fragen uns, ... / 5. ..., das er sich in Italien erholt.

Pause: 1d / 2c / 3a / 4e / 5h / 6i / 7g / 8j / 9f / 10b

Leçon 20

Ü1: 1. ihnen / 2. ihn / 3. ihm / 4. ihr / 5. sie / 6. es

Ü2: 1. Der Seehund ist lustig. Ich möchte mit ihm schwimmen. / 2. Kannst du uns mit den Affen fotografieren? / 3. Ich komme mit euch (Ihnen, *politesse)* und wir besuchen den Zoo. / 4. Wo ist das Krokodil? Wir können es nicht sehen. / 5. Paul gibt dir den Plan vom Zoo.

Pause: im Frühling: Ostern, Erdbeeren essen, die ersten Blumen / im Sommer: die großen Ferien, auf dem Strand spielen / im Herbst: Schulbeginn, die Weinlese, Nüsse knacken / im Winter: Ski fahren, Weihnachten, Minus drei Grad Celsius

Leçon 21

Ü1: 1. im, neben dem Eingang / 2. ins, unter das Bett / 3. an die Wand / 4. auf dem Tisch / 5. unter dem Sofa, hinter dem Sofa / 6. ins Bad / 7. über unser Haus *(quand il survole la maison)*, über unserem Haus *(quand il tourne au-dessus de la maison)* / 8. am, auf dem, neben dem, vor dem Eiffelturm / 9. vor dem Fernseher (vorm = *fam.*) / 10. zwischen / 11. auf, unter einen Sessel

Ü2: 1. stelle / 2. legen / 3. sitzt / 4. steht / 5. liegt / 6. setzt sich

Pause: das Kinderzimmer *(chambre pour enfants)* / die Eingangstür *(porte d'entrée)* / das Gästezimmer *(chambre pour les invités)* / der Wohnzimmerschrank *(armoir de séjour, le living)* / der Arbeitstisch *(table de travail)* / das Gartenhaus *(pavillon de jardin)* / die Hundehütte *(niche à chien)* / das Esszimmer *(salle à manger)... et bien d'autres possibilités ! À vous de voir.*

Leçon 22

Ü1: 1. Mein Cousin ist der Sohn meiner Tante. / 2. Dirks Oma ist schon 91. / 3. Der Bruder seiner Frau ist sein Schwager. / 4. Der neue Freund meiner Schwester heißt Axel. / 5. Papas Tante wohnt in Berlin. / 6. Die neue Frau meines Onkels ist sehr nett. / 7. Klaras Enkel geht schon in die Schule.

Ü2: 1. Die Kinder werden am Sonntag mit ihren Eltern ins Schwimmbad gehen. / 2. Sie ist sicher, dass ihre Großeltern kommen werden. / 3. Ich glaube, dass ich im Sommer mit meiner Schwester nach Spanien fahren werde. / 4. Mein Schwager wird morgen um 9 Uhr kommen. / 5. Werdet ihr ins Theater gehen? / 6. Werden Sie eine Wohnung in der Stadt kaufen? / 7. Mein Cousin sagt, dass er Lehrer werden wird.

Leçon 23

Ü1: 1. ..., das sie beim Bäcker kaufen / 2. ..., den meine Mutter im Supermarkt kauft, ... / 3. ..., in der er die Milch holt, ... / 4. ..., der wir das Geld geben, ... / 5. ..., mit denen Heiko spielt, ... / 6. ..., der vor der Tür steht. / 7. ..., das ich zum Frühstück esse.

Ü2: 1. Gib mir die zwei Flaschen Wasser, die im Kühlschrank sind. / 2. Die Mutter nimmt drei Eier, mit denen sie einen Kuchen für Pauls Geburtstag macht. / 3. Der Zahnarzt, zu dem ich morgen gehe, wohnt in einem kleinen Haus neben dem Supermarkt. / 4. Ich bereite ein Hähnchen vor, das wir heute Abend mit einem Salat essen können. / 5. Der Zucker, der in den Kaugummis ist, ist nicht gut für die Kinder. / 6. Herr Mehl ist der Bäcker, bei dem wir unser Brot kaufen. / 7. Die Einkaufswagen, mit denen wir einkaufen, kosten 1 € Pfand.

Pause: 2 Flaschen Cola / 1 Kasten Wasser / 1 Liter Milch / 1 Paket Kekse / 1 Hähnchen / 6 Eier / 1 Käse / 1 Paket Waschpulver / 1 Zahncreme / 2 Becher Joghurt / Kaugummi

Leçon 24

Ü1: 1. Was würden Sie sagen, wenn ich mit meinem Hund kommen würde, Frau Müller? / 2. Du könntest die großen Schiffe sehen, wenn du nach Hamburg fahren (gehen) würdest. / 3. Wenn wir unsere Hausaufgaben machen würden, könnten wir spielen. / 4. Wenn Stefan Geld hätte, würde er einen neuen Wagen kaufen. / 5. Würdet ihr ins Kino gehen, wenn es einen guten Film geben würde? (Würden Sie ins Kino gehen,... *politesse*) / 6. Wer würde gewinnen, wenn Zidane gegen Mehmet Scholl spielen würde? / 7. Wenn ich wollte, könnte ich ein deutsches Lied singen.

Ü2: 1. Wenn ich auf eine Insel gehen würde, würde ich wie Robinson leben. – Ich würde wie Robinson leben, wenn ich auf eine Insel gehen würde. / 2. Wenn es Sonntag wäre, würde Robert schlafen. – Robert würde schlafen, wenn es Sonntag wäre. / 3. Wenn die Schüler nach Italien fahren würden, würden sie Pizza essen. – Die

Schüler würden Pizza essen, wenn sie nach Italien fahren würden. / 4. Wenn die Mutter in den Supermarkt gehen würde, würde sie Schokolade kaufen. – Die Mutter würde Schokolade kaufen, wenn sie in den Supermarkt gehen würde. / 5. Wenn ihr viel lernen würdet, hättet ihr gute Noten. – Ihr hättet gute Noten, wenn ihr viel lernen würdet. / 6. Wenn du Andrea Agassi besuchen würdest, könntest du mit ihm Tennis spielen – Du könntest mit ihm Tennis spielen, wenn du Andrea Agassi besuchen würdest.

Ü3: 1. wie / 2. wie viel / 3. wohin / 4. was für / 5. warum, wieso, weshalb / 6. welche / 7. wem / 8. wen / 9. wann / 10. wie / 11. wann / 12. wo, was / 13. wer / 14. was

Leçon 25

Ü1: 1. machte / 2. wollte / 3. spielte / 4. arbeiteten / 5. kauften / 6. ..., ruhten wir uns aus

Ü2: 1. war / 2. gab / 3. gingen / 4. schwamm / 5. nahmen, fuhren / 6. trank, aß / 7. sah

Ü3: Gaby: Schau mal, was ich gefunden habe!

Ingo: Oh, ein Fotoalbum. Wo war das Fotoalbum?

Gaby: Es hat in Omas Schrank gelegen. Wer ist denn dieser dicke Junge?

Ingo: Das ist Papa! Er war 10 Jahre! Papa hat noch in Karlsruhe gewohnt.

Gaby: Ich habe nicht gewusst, dass Papa so dick war. Und das sind Opa und Oma, Papas Eltern. Opa hatte schon früher eine Glatze.

Ingo: Wenn es kalt war, musste er immer einen Hut tragen.

Gaby: Zum Glück ist Papa nicht so dick geblieben!

Ingo: Und wer ist das?

Gaby: Das muss Onkel Ludwig sein. Ich habe ihn nicht gekannt. Er ist 1959 in Heidelberg gestorben. Mama sagt immer, dass er ein sehr guter Mensch war.

Ingo: Und auf dieser Seite ist Tante Kordula. Wann haben wir Tante Kordula das letzte Mal gesehen?

Gaby: Ich weiß nicht. Ich glaube, wir sind vor drei Jahren zu ihr gefahren. Sie hatte noch ihre Wohnung in Hamburg. Erinnerst du dich? Wir sind zum Hafen gegangen und haben die Schiffe fotografiert.

Ingo: Ja, und Onkel Fred ist auch mitgekommen.

Gaby: Und wer ist diese junge Frau mit Papa? Hast du das Foto schon gesehen?

Ingo: Nein. Es ist das erste Mal. Schau mal, sie küssen sich! Wo hat Papa diese Frau getroffen? Ob Mama es weiß? Es ist besser, wir zeigen ihr das Foto nicht.

In diesem Moment kommt Frau Klein nach Hause.

Mutter: Hallo ihr zwei. Was macht ihr da?

Ingo: Ach nichts, Mama.

Mutter: Was habt ihr da? Das ist Omas Fotoalbum! Und du Gaby, was hast du in deiner Hand versteckt? Zeig mal.

Mutter: Mein Gott! Das sind Vati und ich. Wir haben uns zum ersten Mal getroffen. Es war in Karlsruhe. Das war unser erster Kuss... Aber Vati war sehr dick.

Gaby: Das bist du auf dem Foto Mama? Wir haben dich nicht erkannt.

Table des matières

Achevé d'imprimer en avril 2005 par Normandie Roto Impression s.a.s., 61250 Lonrai
N° d'impression : 050885 – Dépôt légal : avril 2005 – *Imprimé en France*